W0196082

Johanna Domek

Benediktinische Impulse

Johanna Domek

Benediktinische Impulse

Ein Jahresbegleiter

VIER-TÜRME-VERLAG

1. Auflage 2005
© by Vier-Türme GmbH – Verlag, Münsterschwarzach
Alle Rechte vorbehalten
Lektorat: Vera Schneidereit
Umschlaggestaltung: Elisabeth Petersen, München
Umschlagbild: Johanna Wedl, Regensburg-München
Satz: Vier-Türme GmbH, Benedict Press, Münsterschwarzach
Druck und Bindung: Friedrich Pustet, Regensburg
                     Printed in Germany 2005

ISBN 3-87868-297-2

Inhalt

Einführung

Die Regel, die Benedikt von Nursia im sechsten Jahrhundert für die Mönche seines Klosters schrieb, gehört zu den Texten, die mein Leben am nachhaltigsten inspirierten. Seit damals sind zahllose Mönche und Nonnen auf allen Kontinenten und in allen Jahrhunderten nach ihrer Anleitung den Spuren des Evangeliums gefolgt. Dieser alte Text beinhaltet etwas, das ihn für die Menschen in all diesen unterschiedlichen Epochen hilfreich und eben inspirierend macht.

Während ich diese Seiten schreibe, werden es 30 Jahre, seit ich die Regel Benedikts kennenlernte und in das Kloster eintrat, in dem ich heute noch lebe. Die mich damals in diese Regel und den damit verbundenen spirituellen Lebensstil einführten, leben inzwischen alle nicht mehr auf dieser Erde. Aber sie gaben mir unverwechselbar ihre Einführung. Und dankbar konnten in diesem Grund meine eigenen Erfahrungen Wurzeln fassen und weiterwachsen. Und heute, nach 30 Jahren, bin ich des Wachsens immer noch nicht müde.

Vor einigen Jahren nun übernahm ich die Sorge für die Männer und Frauen des Oblatenkreises in unserem Kloster. Es beeindruckt mich sehr, wie sie sich auf den Weg machen, wie sie ihren alltäglichen Weg im nichtklösterlichen Kontext mit der

Weisung Benedikts weitergehen. Es scheint, daß das Kloster ihnen eine Hilfe und Bereicherung ist, aber gewiß sind sie auch eine Bereicherung für die Klostergemeinschaft.

Immer wieder kommen sie ins Kloster, zumeist einzeln, viermal im Jahr zu gemeinsamen Oblatentagen. Aber bei allem intensiven Gehen ist doch nie so viel Zeit, daß man einmal – wie es für eine Einführung gut ist – ganz durch die Regel, die Benedikt seinen Mönchen gab, hindurchgeht, hindurchführt. So kam ich auf den Gedanken, das in der hier vorliegenden Weise als Geschenk für diesen Personenkreis zu tun, der mir selbst zum Geschenk geworden ist. Zu einem Abschnitt oder Wort der Regel gibt es jeweils einen Gedanken, der auf schlichte Weise helfen will, die Lebensweise Benedikts und seine Weisheit mit der eigenen Wirklichkeit und Erfahrung zu verbinden – und das kontinuierlich, Tag für Tag.

Das geschieht bewußt im Hinblick auf Menschen, die heute in einem nichtklösterlichen Kontext leben, das heißt, die selbst keinen Prior und keinen Cellerar haben und sich doch von der benediktinischen Lebensweise angesprochen fühlen. Für sie vor allem wollte ich die Spiritualität der Regel Benedikts erschließen, denn ich glaube eben, daß sie für jeden Lebenskontext hilfreich sein kann, auch wenn sie an erster Stelle für Benedikts Mönche im damaligen sechsten Jahrhundert geschrieben wurde. Vieles wird nicht erklärt, vieles nicht einmal thematisiert. Ich bin mir dessen durchaus bewußt und glaube doch, daß meine vielleicht etwas eigenartige Lesart ihren guten Sinn hat im Hinblick auf heutige Menschen. Ihnen wollte ich helfen, aus der Regel Benedikts zu schöpfen. Denn ich bin sicher, sie kann für andere hilfreich sein, und es tut gut.

Um es aber für alle, die anders mit der Regel Benedikts vertraut sind, noch einmal zu sagen: Längst nicht alles ist dabei und hier gesagt und ausgeschöpft. Andere Regelkommentare kann man dazunehmen und vielleicht entdecken und bedenken, was die Worte im lateinischen Urtext oder was Querverbindungen zu Bibelstellen und Kirchenvätern bedeuten. Aber erst einmal, meine ich, soll man schlicht anfangen, zu gehen ... und zuletzt wird man, wenn man gut gegangen ist, wieder ganz schlicht werden.

Der erste Weltkongreß der Oblaten, der im September 2005 in Rom stattfinden wird, war für mich der zeitliche Anstoß, diese kleinen Impulse jetzt aufzuschreiben. Ich hoffe, daß sie eine Anregung für Menschen sein können, die dieses alte kostbare Dokument einer christlichen Lebensregel lesen und für ihr persönliches Leben fruchtbar machen wollen.

Für mich sind sie auch ein Ausdruck der eigenen Dankbarkeit allen gegenüber, die mich bei meinem Fragen und Suchen unterstützten und in die Lebensweise nach der Regel Benedikts einführten, in das konkrete Leben einer menschlichen Gemeinschaft „unter der Führung des Evangeliums" (Prolog 21).

365 Impulse

zu Versen der Regel Benedikts

1

Höre ... (Prolog 1)

Das Wort „hören" ist eines der Grund-
wörter jeder gelebten Spiritualität und
so natürlich auch der benediktinischen. Für
Benedikt beginnt alles damit. Es geht um ein
gutes Hören auf Gott und auf die Menschen.
Denn unmöglich kann ein Mensch zwei verschiedene Grundhaltungen gleichzeitig einnehmen.

Zu einem guten Hören gehört, still und aufmerksam sein zu können, wach zu sein und
wahrzunehmen, was ist, zu Wort kommen
und aussprechen und gelten zu lassen, was
lebt. Das kann man üben, unentwegt schlicht
üben.

Ein nicht gutes Hören geschieht immer dann,
wenn darin etwas von Lauern oder Belau-
schen liegt. Gutes Hören hat vielleicht „den
Geschmack der Frage", aber niemals den Beigeschmack des „Verhörs".

2

Höre, mein Sohn ... (Prolog 1)

Wem bin ich Sohn?
      Wem bin ich Tochter?
Wessen Geistes Kind bin ich denn wirklich?
Wo ist mir das spürbar?
Und wo kann man mir das anmerken?

3

... auf die Lehren des Meisters. (Prolog 1)

Meister ist, wer sein Metier kennt, darin erprobt ist und anderen darin weiterhelfen kann. Lehrmeister kann mir aber jeder sein, bei dem ich etwas lernen kann.
Bin ich bereit zu lernen? Bin ich offen für das, was ich zu lernen habe, in dem, was mir heute begegnet?

4

Neige das Ohr deines Herzens ... (Prolog 1)

Arm der Mensch, dem niemand zugeneigt ist. Arm der Mensch, der niemandem zugeneigt ist.

Wem ist mein Herz denn zugeneigt?

Wem neige ich heute mein Herz zu? Es soll nicht Abend werden, ohne daß ich mein Herz zugeneigt habe – in Gedanken, Worten und Werken.

Ich will auch auf Gott mit zugeneigtem Herzen hören – so hören, was er mir heute sagen will.

5

Nimm die Mahnung des gütigen Vaters willig auf ...
(Prolog 1)

Bin ich ein Mensch, der das Leben anzunehmen gewillt ist? Wann zuletzt war ich bewußt bereitwillig? Für was oder wen? Und: warum? Der Wille ist nicht alles, aber ein wichtiger Teil in der Ausrichtung des Lebens. Ich „schmecke" innerlich die möglichen Verbindungen: bereitwillig – eigenwillig – freiwillig – widerwillig – verhandlungswillig – rückkehrwillig ... Welche davon genieße ich?

6

... und erfülle sie durch die Tat. (Prolog 1)

Hier sehen wir den Dreischritt, auf den Benedikt uns oft hinweisen wird: hören/wahrnehmen – annehmen/zulassen – reagieren/erfüllen/tun. Wenn die Reihenfolge dieser Schritte nicht stimmt oder durcheinandergerät, bekommt alles eine Schieflage.

7

So wirst du durch die Mühe des Gehorsams zu dem zurückkehren, von dem du dich in der Trägheit des Ungehorsams entfernt hast. (Prolog 2)

Oft sagen Menschen zu Beginn einer Begegnung erst einmal Harmlosigkeiten. Benedikt, der viel von Gott und dem Menschen und seinem Maß weiß, wie wir sehen werden, kommt uns ganz anders entgegen. Ganz deutlich nennt er unsere Alternativen: Gehorsam – Ungehorsam. Und er nennt auch die alternativen Wege dazu: Mühe – Trägheit. Ich schaue auf mein gegenwärtiges Leben und stelle mich vor diese Wörter wie vor einen Spiegel.

8

So richtet sich jetzt mein Wort an Dich! (Prolog 3)

Benedikts Rede ist Anrede. Benedikts Sprache ist Ansprache. Habe ich, wenn ich rede, den anderen, zu dem ich spreche, im Blick? Liegt mir an ihm, an ihr?

9

So richtet sich jetzt mein Wort an dich: an jeden,
der dem Eigenwillen entsagen und die starken und
herrlichen Waffen des Gehorsams ergreifen will, um
dem wahren König, Christus, dem Herrn, zu dienen.
(Prolog 3)

Zweimal in diesem Vers lesen wir vom Wollen und Willen. Dabei geht es um zwei verschiedene Arten, zu wollen, deren Gegensätzlichkeit in der Regel immer wieder thematisiert wird: der Wille, Gott zu dienen, und der Eigenwille. Das Wörterbuch beschreibt den Eigenwillen so: „Den eigenen Gestaltungswillen nachdrücklich zur Geltung bringen". Wollen muß man können. Ohne zu wollen, kann man Gott nicht antworten und ihm nicht dienen. Aber der Eigenwille begrenzt das Wollen auf mein privates Maß, auf meine Vorstellungen, Ziele, Grenzen. Er will an erster Stelle mir selbst dienen.

10

Sooft Du etwas Gutes zu tun beginnst, bitte zuerst inständig darum, daß er es vollende. (Prolog 4)

Was meint „inständig bitten"? Kann ich so intensiv bitten?
Was mich fasziniert: Wenn ich so bitte, während ich gerade beginne, gebe ich das, was ich tue, irgendwie schon ein wenig aus der Hand. Ich halte, was ich anzupacken habe, dann schon lockerer in der Hand, unverkrampft, weil ich selbst mich dabei halten lasse. Ich bin nicht fixiert und doch konzentriert, bin ernsthaft, ohne zwanghaft zu werden ...

11

... ihm mit den Gaben, die er uns geschenkt hat, gehorchen. (Prolog 6)

Für wen setzen wir uns mit unseren Gaben und Talenten ein? Wem dienen wir mit dem, was wir tun? Wem nützt, was wir erwirtschaften und gewinnen? Welchen Stimmen, welchem Gott gehorchen wir? Wenn wir Gott nicht gehorchen, gehorchen wir meistens jemand anders ... und manchmal merken wir es nicht einmal.

12

*... daß er nie als erzürnter Vater uns, seine Söhne
enterbt ... weil wir ihm zur Herrlichkeit nicht folgen
wollten. (Prolog 6 + 7)*

Wenn ich Gottes Einladung nicht annehme, kann ich das Erbe nicht in Empfang nehmen. Das gilt im großen und ganzen wie auch im konkreten und täglichen. Welche Einladung ist für den heutigen Tag damit gemeint?

13

Stehen wir also endlich einmal auf. (Prolog 8a)

Manche Menschen, wenn sie Gäste zu Hause begrüßen, tun das mit den konventionellen Worten: „Kommen Sie doch herein, machen Sie es sich bequem." Benedikt spricht anders: „Stehen wir also endlich einmal auf, die Schrift weckt uns ..."
Ich spüre dem Unterschied nach und wähle die Richtung, in die ich heute gehen will.

14

Die Stunde ist gekommen, vom Schlafe aufzustehen.
(Röm 13, 11)/(Prolog 8b)

Es gibt kaum eine Seite in Benedikts Regeltext, auf der er nicht mehrfach aus der Heiligen Schrift schöpft und zitiert. Er war ganz vertraut mit ihr, er lebte aus ihr. Hier begegnen wir der ersten Bibelstelle in der Regel Benedikts. Sie ist voller Dringlichkeit.
Wie steht es bei uns, was wissen wir von der Bibel? Wie verinnerlicht haben wir ihre Worte? Welche würde ich zuerst nennen?

15

*Öffnen wir unsere Augen dem göttlichen Licht, und
hören wir mit erschrecktem Ohr, was die Stimme Gottes jeden Tag uns mahnend zuruft: „Wenn ihr heute
seine Stimme hört, verhärtet euer Herz nicht!"
(Ps 95, 8)/(Prolog 9 + 10)*

Gott ruft uns alle Tage. Er will mich jeden
Tag ansprechen. Wenn ich auf meine
gegenwärtige Lebenssituation schaue, höre,
was darin klingt, welche Worte von Ihm
höre ich? Was klingt mir darin auf als Verheißung, als Weisung, als Mahnung, als Hilfe
von Gott her? Ich will mein Herz nicht ver-
härten und dichtmachen, sondern es weich
machen wie die Erde, wenn sie den Samen
gut aufnimmt.

16

Wer Ohren hat, zu hören, der höre, was der Geist den Gemeinden sagt!
(Apg 2, 7)/(Prolog 11)

Ich will üben, in den Stimmen und Tönen heute Gottes Geist und Stimme zu erkennen, zu entziffern und zu unterscheiden. Ich will heute ein hörender Teil der Gemeinde sein, in der ich lebe, und so still werden, wie es nötig ist, um hören zu können.

17

Und was sagt er? „Kommt, meine Söhne, hört mir zu!
Ich will Euch in der Furcht des Herrn unterweisen."
(Ps 34, 12)
„Lauft, solange Ihr noch das Licht des Lebens habt,
damit Euch nicht die Finsternis des Todes überfällt!"
(Joh 12, 35)/(Prolog 12 + 13)

Benedikts Einführung in das spirituelle Leben ist eine leidenschaftliche Einladung an den ganzen Menschen mit all seinen Sinnen, einen dynamischen geistlichen Lebensstil zu lernen: sich fragen, was Gott sagt – kommen und hören – lernen und laufen – den Tag des Lebens nicht vertun – das Licht zum Weitergehen nutzen, ehe es finster wird und wir sterben.

18

*Das ruft der Herr der Volksmenge zu, in der er seinen
Arbeiter sucht: „Wer ist der Mensch, der das Leben
liebt und gute Tage zu sehen wünscht?"
(Ps 34, 14)/(Prolog 14 + 15)*

Hand aufs Herz: Habe ich mir so Gottes
Einladung vorgestellt? Aber das ist die
Einladung Gottes, und sie gilt mir – und allen anderen gilt sie auch. Sie ist ein großes
freies Angebot, wie man es wirklich selten
gemacht bekommt.
Aber was heißt für mich „das Leben lieben"?
Was heißt es für mich, einen guten Tag zu
sehen?

19

Wenn Du das hörst und antwortest: „Ich!", dann sagt Gott zu Dir ... (Prolog 16)

Der lebendige Mensch vor dem lebendigen Gott muß „Ich" sagen können oder es lernen, sonst kann er nicht auf seine Einladung antworten. Das Angebot gilt einer Person, nicht einem Teil von ihr oder einer Fertigkeit, sondern nur der ganzen Person. Als ganze Person muß ich einsteigen in den Ruf und in die Antwort, mit allen Sinnen „Ich" sagen können und „Du" werden wollen.

20

Willst Du das wahre und ewige Leben haben, so be-
wahre Deine Zunge vor dem Bösen und Deine Lippen
vor falscher Rede! Meide das Böse, und tu' das Gute!
Suche den Frieden, und jage ihm nach!
(Vgl. Ps 34, 14-15)/(Prolog 17)

Welche Spannweite liegt in den Verben
des Psalms, mit dem Benedikt hier
fortfährt: bewahren – meiden – tun – suchen
– jagen. Ich gehe über das Feld meiner Erinne-
rungen und nehme Momente wahr, in denen
diese verschiedenen Bewegungen vorkamen.

*Dann richte ich meine Augen auf Euch und höre Eure
Gebete, und noch ehe Ihr mich anruft, sage ich zu
Euch: „Hier bin ich!"*
(Vgl. Jes 58, 9; 65, 24)/(Prolog 18)

Gott ist ein zuvorkommender Gott. Ich
meine nicht „zuvorkommend" in dem
Sinn, daß wir uns überholt fühlen, sondern
im Sinn von „entgegenkommend". Zuvorkommend heißt dann entgegenkommender,
als wir das für möglich hielten.
Wenn ich mich mit wachen Sinnen in die
Lebenshaltungen einübe, die in Psalm 34
genannt werden, dann wird mein Leben immer offener dafür, Gottes Zuvorkommenheit
überall wahrzunehmen.

22

Was könnte uns willkommener sein als diese Stimme des Herrn, der uns einlädt? (Prolog 19)

Wenn wir für den Abend eine Einladung ins Theater oder Konzert oder zu einem Fest oder einer Reise haben, strahlt das in die Zeit davor aus. Es wirkt sich auf vieles aus, was jemand an einem solchen Tag tut oder läßt oder beginnt, wovon er spricht, was er beiseite läßt.

Welche Einladungen sind mir willkommen? Nehme ich wahr, daß Gott mich eingeladen hat? Ist mir das willkommen?

Wenn nicht: Warum nicht? Was müßte anders sein, damit es willkommen wäre?

23

Seht doch, in seiner Güte zeigt uns der Herr den Weg zum Leben. Wir wollen unter der Führung des Evangeliums die Wege gehen, die der Herr uns zeigt. (Prolog 20 + 21b)

Gott lädt uns auf einen Weg ein, den er uns zeigt, weil er uns gut ist. Er will nicht nur, daß wir geboren sind, sondern daß wir zum vollen Leben kommen. Jesus schenkte uns das Evangelium, das uns führen und uns immer wieder in die gute Richtung bringen soll. Für Benedikt ist das Evangelium der leuchtende Maßstab des Lebens.

Aber beachten wir: Ein Weg ist nicht zum Betrachten da, sondern zum Gehen. Lasse ich mich von Gottes Güte locken, heute mit Leib und Seele, mit meinem ganzen Menschsein auf diesem Weg die mir jetzt möglichen Schritte zu gehen?

Wir wollen uns also mit dem Glauben umgürten, in
Treue das Gute tun ... (Prolog 21)

Was meint das Bild „im Glauben umgürten"? Benedikt greift hier ein Wort des
Apostels Paulus aus dem Brief an die Epheser
auf (vgl. Eph 6, 14-18). Im Lukasevangelium
findet sich das Bild vom Gegürtetsein und von
den brennenden Lampen als Ausdruck eines
wachsamen, aufmerksamen Lebensstils.

Betrachten wir das Bild vom Gürtel: Er hält
und gibt Halt.
Er hält mich in den realen und sinnbildlichen
Kleidern meines Lebens zusammen, daß
nichts bloß herumhängt und ich mich nicht
darin verfange und stolpere. – Was gibt meinem Leben solchen Halt? Welcher Glaube ist
es? Ist es der Glaube an Gottes Güte und die
Liebe Christi?

... damit wir ihn schauen dürfen, der uns in sein Reich gerufen hat.
(Vgl. 1 Thess 2, 12)/(Prolog 21b)

Hier benennt Benedikt das Ziel: „das Reich Gottes" (in Vers 7 sagt er „Herrlichkeit"). Das Reich Gottes finden wir, wenn unser Blick in allem und immer Christus sucht, um ihn immer mehr zu schauen.

Schon haben wir den Ruf gehört, schon haben wir einen Schimmer gesehen. Nichts soll uns ablenken; alles, was uns geschieht, kann uns irgendwie weiterhelfen.

Durch alles können wir weitergehen.

Welches sind die Zielvorstellungen meines Lebens? Welches Ziel ist mir derzeit bewußt? Stimmt die Richtung mit dem überein, was ich im Glauben anstrebe?

Wenn wir im Zelt seines Reiches wohnen wollen, müssen wir mit guten Taten vorwärtseilen; sonst werden wir nie dorthin gelangen. (Prolog 22)

Das Bild vom Zelt erinnert an die begleitende Gegenwart Gottes im Bundeszelt der israelitischen Stämme, des ersten Gottesvolkes. Das „Reich" ist nicht zuerst der äußere Ort, es ist Raum von Gottes ungehinderter, leuchtender Gegenwart. Gott ist schon da, wir müssen erst noch mehr kommen. Beeilen wir uns, vertun wir nicht Zeit und Tag! Gott schenkt alle Gnade, aber unser Teil ergibt sich nicht von selbst, wir müssen ihn tun. Es geht um schlichte Dinge, um schlichte, gute Taten.

*Wer darf in diesem Zelt Gast sein?... Wer makellos
lebt und das Rechte tut, wer von Herzen die Wahrheit sagt und mit seiner Zunge nicht verleumdet; wer
seinem Freund nichts Böses antut und seinen Nächsten
nicht schmäht ...*
(Vgl. Ps 15)/(Prolog 23-27)

Im Dialog, im Fragen und Antworten zwischen Mensch und Gott fügt Benedikt hier
und in den folgenden Versen ganz die Gedanken des 15. Psalms an. Es wird darin deutlich,
wie der Mönch und Mensch diszipliniert leben soll und kann. Disziplin und Menschlichkeit gehen Hand in Hand. Das heißt dann:
aufrecht und ehrlich sein, nichts zerreden,
niemanden schlechtreden, gut sein und lauter im Herzen.
Gehen in meinem Leben Disziplin und
Menschlichkeit Hand in Hand?

... wer den bösen Teufel, der ihm etwas einflüstert,
samt seiner Einflüsterung aus seinem Herzen vertreibt,
ihn zunichte macht, seine Gedankenbrut packt und an
Christus zerschmettert. (Prolog 28)

Viel Übles und Böses geschieht in der Welt. Dabei wirkt das meiste nicht als äußere Tat, sondern vergiftet von innen her das Leben und den Menschen, es wird in Gedanken bewegt, in Herzen geflüstert. Aber Gift ist Gift, dem darf man nicht Raum und Chance geben. Nehmen, packen, weg damit, sagt Benedikt und nennt den einzigen Ort der Befreiung: Christus. An ihm kann ich es zerschellen lassen.

Wo in meinem Leben gebe ich dem Gift Chance und Raum? Wie bemühe ich mich, davon befreit zu werden?

29

... wer den Herrn fürchtet und sich wegen seines treuen Dienstes nicht überhebt, sondern überzeugt ist, daß das Gute, das er hat, nicht sein eigenes Werk ist, sondern das Werk des Herrn. (Prolog 29)

Gewissensspiegel für einen Tag:
Ein gottesfürchtiger Mensch ist nicht aufgeblasen,
ein gottesfürchtiger Mensch hält nicht die Luft an,
ein gottesfürchtiger Mensch bauscht nichts auf,
ein gottesfürchtiger Mensch bildet sich nichts auf sich ein,
er steht mit den Füßen fest auf der Erde,
er ist gottverbunden, er dient, er ist treu,
man kann sich auf ihn verlassen.

30

Solche Menschen preisen den Herrn, der in ihnen wirkt. (Prolog 30)

Gott will und wird in uns wirken, soweit wir ihn lassen und nicht hindern. Habe ich ein Gespür für seine Art, in mir zu wirken? Kenne ich die Handschrift? Die Tonart? Und habe ich ihn dann dankbar gepriesen? Oder bin ich so voll mit eigenen Plänen, Bildern, Geräuschen, in einem ständigen Hin und Her, daß ich ihn nicht kenne und er in mir nicht wirken kann? Habe ich mich überhaupt schon einmal wirklich gefragt, was Gott denn vielleicht in mir und mit mir wirken will?

„Durch die Gnade Gottes bin ich, was ich bin." (Vgl. 1 Kor 15, 10) Und er sagt auch: „Wer sich rühmt, rühme sich des Herrn."
(Vgl. 2 Kor 10, 17)/(Prolog 31 + 32)

Das Selbstbewußtsein der Christen sollte weiter gehen als das landläufig übliche. Ich bin nicht nur ich – das auch, aber ich bin durch Gottes Gnade, was ich bin. Ich bin mit und trotz und bei allem, was ich bin, in seiner Gnade gehalten, von seiner Gnade befähigt, ihm und in dieser Welt meine ureigenste Lebensantwort zu geben.

Wer diese meine Worte hört und danach handelt, ist
wie ein kluger Mann, der sein Haus auf einen Felsen
baute. Ein Wolkenbruch kam, Stürme tobten und
rüttelten an dem Haus; aber es stürzte nicht ein; denn
es war auf einen Felsen gebaut.
(Mt 7, 24-25)/(Prolog 33 + 34)

Benedikt läßt hier Jesus Christus, den Meister selbst, mit den Schlußworten der Bergpredigt zu uns sprechen. Er spricht vom Bauen und Felsen, von Sturm und Geschütteltsein. – Vieles wird uns ins Leben gelegt ohne unser Zutun. Aber worauf und wie wir bauen, das entscheiden wir ab irgendeinem Moment selbst. Baue ich richtig? Baue ich auf das Richtige? Ich prüfe, worauf ich baue und mich verlasse.

So schließt der Herr die Bergpredigt. Nun erwartet er von uns, daß wir diesen seinen heiligen Mahnungen durch unsere Taten entsprechen. (Prolog 35)

Der Herr sprach uns an, er rief, lud ein, zeigte und mahnte. Nun wartet er, ob und was wir antworten. Ob unser Leben dem entspricht oder ob es dem widerspricht. Es geht nicht um die Antwort in Worten – eine Antwort, die wir nur mit dem Mund geben könnten. Wir selbst sollen die Antwort werden.

Wenn ich auf meinen Lebensstil schaue, welche Antwort bin und lebe ich besonders?

34

Deshalb sind uns die Tage dieses Lebens als Gnaden-
frist geschenkt, damit wir vom Bösen ablassen und uns
bessern. (Prolog 36)

Benedikt sagt uns: Es ist höchste Zeit, die Zeit drängt schon, die Zeit, die uns ge-geben ist, ist schon die Zeit der Gnadenfrist. „Gnadenfrist" ist ein merkwürdiges Wort und meint eine Zeit, die uns als Chance geschenkt ist, auf die wir keinen Anspruch haben, als Aufschub, den man sich nicht verdienen, nur schenken lassen kann. Der Mönch und Mensch lebt dann im Bewußtsein des Un-verdienten, Geschenkten und reagiert darauf mit all seinen Möglichkeiten.

35

Weißt Du nicht, daß Gottes Langmut Dich zur Umkehr führen will? (Röm 2, 4)/(Prolog 37)

Jesus beginnt seine Verkündigung im Evangelium mit dem Ruf zur Umkehr: „Die Zeit ist erfüllt, das Reich Gottes ist nahe. Kehrt um und glaubt an das Evangelium." (Mk 1, 15) Die Umkehr ist eine unverzichtbare Grundbewegung für den Christen. Wir können die Umkehr nicht vermeiden, nicht umgehen oder überspringen. Wenn wir still werden, merken wir, daß sie zu den frohesten Botschaften im Leben gehört.
Kenne ich die Bewegung der Umkehr? Wann bin ich zuletzt einmal umgekehrt?

In seiner Güte sagt der Herr: Ich habe kein Gefallen am Tod des Schuldigen, sondern daran, daß er umkehrt und am Leben bleibt. (Ez 33, 11)/(Prolog 38)

Es gefällt Gott ganz und gar nicht, wenn wir verkommen oder die uns anvertraute Welt verkommen und zugrunde gehen lassen. Er erschuf, berief, erlöste und befähigte uns zum Leben in Fülle. In seiner Güte ist er mit uns leidenschaftlich geduldig.

Kenne ich etwas von einer leidenschaftlichen, dem Leben gütig zugewandten Geduld, die mich und andere immer wieder umkehren und anfangen läßt?

37

*Wir haben den Herrn gefragt, wer in seinem Zelt
wohnen darf, und wir haben die Einlaßbedingungen
gehört. (Prolog 39)*

Wenn ich als Passagierin mit einem Flugzeug irgendwohin fliegen will, muß ich einiges beachten und verschiedene Kontrollpunkte passieren. Ich muß wissen, wieviel mein Gepäck wiegen darf, was und wieviel im Handgepäck sein darf, ich muß durch die Paßkontrolle, die Zollkontrolle, die Sicherheitskontrolle, wo auch das, was ich bei mir trage, durchleuchtet wird, bevor ich überhaupt in die Maschine einsteigen kann. Das muß ich akzeptieren, sonst wird es nichts mit meinem Flug.
Auch das Reich Gottes hat Einlaßbedingungen, ganz andere natürlich, die ich vorab einfach zu akzeptieren habe.

Wir wollen also unser Herz und unseren Leib für den Dienst bereiten ... (Prolog 40)

Benedikts Spiritualität ist eine Spiritualität des Herzens, der Innerlichkeit. Aber das ist nie eine Innerlichkeit ohne Ausdruck und Gestalt, immer hat sie irgendwie Hand und Fuß ... Innerlichkeit ohne Äußerung taugt nicht. Äußerlichkeit ohne Innerlichkeit taugt nicht. Wesentliche Ausdrucksweise benediktinisch geprägter Innerlichkeit ist immer irgendeine Form des Dienens.

Wenn ich mich selbst unter den Stichwörtern „Innerlichkeit" und „Äußerlichkeit" einordne, was sehe ich da? Sitzen die Akzente richtig? Wo sollte ich etwas ändern?

39

... für den heiligen Gehorsam gegen die Gebote.
(Prolog 40)

Wie Bekehrung zu den Grundbewegungen des Christenmenschen gehört, so kann man sagen, daß „Gehorsam" zu den Grundwörtern der Antwort bei Benedikt gehört. Noch oft wird uns dieses Wort und das, was es meint und soll, begegnen.

Sehen wir hier nur auf einen Unterschied: Benedikt spricht vom heiligen Gehorsam. Es ist nicht, um nur eins der möglichen Bilder zu nehmen, ein preußischer Gehorsam. Es ist kein blinder – und schon gar kein „Kadavergehorsam". Es geht um einen heiligen Gehorsam. Und es ist ein Gehorsam gegenüber den Geboten Gottes. Daran ist er bleibend gebunden.

Jeder Mensch kennt irgendwie Gehorsam. Mit welchem Beiwort würde ich ihn bei mir kennzeichnen?

40

Weil wir das aber mit unserer natürlichen Kraft nicht
zustande bringen, wollen wir vom Herrn die Hilfe
seiner Gnade erbitten. (Prolog 41)

Woher kenne ich aus meiner Lebenserfahrung – was hier angesprochen wird
–, daß die eigene Kraft nicht reichen wird,
ich aber genug Vertrauen habe, Gott um seine Gnade und Hilfe zu bitten? Ich vertiefe
diese Erfahrung in einem Moment der Stille
und trage sie bewußt und behutsam in den
gegenwärtigen Tag.

10.02.96

41

*Jetzt, solange es noch Zeit ist und wir in diesem Leibe
wohnen, jetzt, da wir noch das Licht des Lebens
schauen und Zeit haben, das alles zu erfüllen, jetzt
müssen wir vorwärtseilen und tun, was uns für die
Ewigkeit nützt. (Prolog 43 + 44)*

Kenne ich das, daß die Zeit drängt und mir
knapp wird? Kenne ich das Gefühl, daß
ich die Zeit nicht vertun und verlieren darf?
Welche Situationen waren das?
Benedikt sagt, so steht es um uns in unserem
Glauben und gläubigen Handeln. Man kann
das „Eilen und Tun, das für die Ewigkeit
nützt", vergleichen mit den Vorbereitungen
vor einer großen Reise, wenn wir die Zeit
von allen möglichen Terminen bewußt freier halten, das Nötige bereitlegen und für die
Reise besorgen, das Haus aufräumen, Milch
und Zeitung abbestellen und noch ein paar
Besuche machen, die uns wichtig sind.

42

Wir wollen also eine Schule für den Dienst des Herrn gründen. (Prolog 45)

Klostergemeinschaften (und andere Lebensgemeinschaften ebenfalls) sind keine Orte der Vollkommenheit, sondern des Lernens und Einübens. Benedikts Absicht ist klar: eine Schule für den Dienst des Herrn. Dabei wird der Mensch, der ja die Lernschritte auf eigenen Füßen gehen soll, ganz ernst genommen. Aber immer bleibt das Ziel im Blick: Dienst, Dienst des Herrn.

Wenn ich diese Worte still bewege, wohin bewegen sie mich? Bin ich noch ein Mensch, der wirklich zu lernen bereit ist?

43

Bei dieser Gründung ist es unsere Absicht, nichts Hartes, nichts Schweres anzuordnen. (Prolog 46)

Es gibt Menschen, die sich an Härten erproben und viel Training darauf verwenden, ein Kilogramm mehr zu stemmen oder fünf Kilometer weiter zu laufen.
Benedikt sucht nicht die Härte, darum geht es ihm nicht. Aber es ist wichtig, daß wir dem Harten und Schweren, das auf dem Weg jedes Menschen liegt, nicht ausweichen, wenn wir ihm begegnen. Wie ist das bei mir: Kann ich, ohne es zu suchen, das Schwere akzeptieren, wenn es kommt? Was könnte „das Schwere" heute für mich bedeuten?

44

*Sollten jedoch Vernunft und Billigkeit zur Besserung
von Fehlern und Bewahrung der Liebe da und dort
etwas strengere Anforderungen stellen ... (Prolog 47)*

Besserung von Fehlern – Bewahrung der Liebe.
Es gibt Gründe, die es wert sind.
Es gibt Phasen, durch die man durchmuß.
Es gibt Wahrheiten in jedem Leben, denen man sich stellen muß, wenn man auf dem Weg weiterkommen will, ein ehrliches Leben vor Gott und den Menschen zu lernen.

45

Jeder Mensch kennt Dinge, denen er lieber aus dem Weg geht. Es gibt ganz persönliche Ängste und Schrecken, die einen in bestimmten Situationen schnell dazu drängen, eine andere Richtung einzuschlagen. Welche Momente sind das meistens, in denen mir angst und bange wird? Welches menschliche und geistliche Erfahren bremst mich wiederholt oder schlägt mich sogar in die Flucht? Ich sehe eine solche Angst, einen solchen Schrecken an und bleibe stehen – es ist der Weg des Heils –, lasse stehen, was da steht, fliehe nicht und drehe nichts daran, sondern bleibe nur eine Weile still davor stehen.

46

... Weg des Heils, der am Anfang nun einmal eng sein muß. (Prolog 48b)

Benedikt will uns einen Weg eröffnen, aber er will uns nichts vormachen. Er spricht von der unvermeidlichen Enge, durch die jeder hindurchmuß. Billiger ist die Sache nicht zu haben.

Die Enge bedrängt, aber sie sammelt auch die Kräfte. Ich stoße mich an ihr, aber es fällt auch viel Unwesentliches in ihr ab. In der Enge sortiert sich irgendwie das Leben, konzentriert sich ... und mancherlei sortiert sich darin selbst aus.

Ich erinnere mich an eine Enge, durch die ich mit Gottes Hilfe hindurchgeführt wurde ...

16.07.

47

Sobald man aber im klösterlichen Leben und im Glauben fortschreitet, weitet sich das Herz ... (Prolog 49a)

Das wäre jedem Menschen zu wünschen, daß er Augenblicke kennt, in denen ihm das Herz ganz weit wird und sich das ganze Leben einfach auftut.

Aber für das, was Benedikt in diesem Vers anspricht, ist das nur der Vorgeschmack, der uns hin und wieder geschenkt wird. Schrittweise und allmählich wird das Herz eines Menschen geweitet und weit, der sich unbeirrt auf den Lernweg gläubigen Lebens einläßt, wie Benedikt ihn zeigt. Bin ich auf dem Weg, ein Mensch mit einem weiten Herzen zu werden? Stimmt die Richtung?

... und man geht den Weg der Gebote Gottes in unsagbarer Freude der Liebe. (Prolog 49b)

Kaum ein moderner oder postmoderner Mensch würde diese beiden Wörter benutzen, und schon gar nicht in einem einzigen Satz: „unsagbare Freude der Liebe" und „Weg der Gebote Gottes". In der geistlichen Erfahrung und Tradition gehören sie aber zusammen, so wie die Kettfäden und Schußfäden beim Weben zusammengehören. Was kenne ich davon?

Wo wäre heute vielleicht eine Möglichkeit, mich diesem Erfahren und Erkennen bewußt zu öffnen, mich dem nicht zu verweigern?

49

*Wir wollen also im Kloster bis zum Tod an der Lehre
dieses Meisters festhalten ... (Prolog 50a)*

Das Kloster ist ein Ort in dieser Welt, in
dem der Lehre des Meisters Jesus aller
Raum gegeben wird. Dort übt man sich vor
Gott und im alltäglichen, unspektakulären
Miteinander ein Leben lang ohne nachzu-
lassen darin ein, diesen Raum zu geben und
sich an nichts anderem, was man wohl in
die Hand nehmen muß, festzuhalten. Ist in
mir etwas von der Leidenschaft, die es dazu
braucht?

... und in Geduld an den Leiden Christi teilnehmen.
(Vgl. 1 Petr 4, 13)/(Prolog 50b)

Benedikts Spiritualität ist ganz auf Christus ausgerichtet. Sie ist Christus verbunden, sie nimmt teil an Christus, seinem Weg, seinem Leiden in der Welt, der Kirche und in den Herzen der einzelnen Gottsuchenden – und das in leidenschaftlicher Geduld.
Bin ich auf Christus ausgerichtet? Wo bin ich in meiner Realität Christus verbunden? Wie nehme ich teil?

51

... damit wir auch verdienen, Anteil zu haben an der
Herrlichkeit seines Reiches.
(Vgl. Röm 8, 17) Amen. (Prolog 50c)

Gott rief uns in sein Reich (Prolog 21), wir hörten den Ruf, ihm zur Herrlichkeit zu folgen, und nahmen ihn an (Prolog 7). Im Horizont dieser Verheißung gehe ich meinen Weg. Ohne schon am Ziel zu sein, will ich jeden Tag – mindestens einmal bewußt – den Sinn dafür wachhalten und den Klang der Verheißung hören und wahrnehmen, damit der Horizont über meinem Weg nie zusammenschrumpft.

Bekanntlich gibt es vier Arten von Mönchen. (1, 1)

In diesem ersten Kapitel seiner Regel skizziert Benedikt kurz vier verschiedene Weisen mönchischen Lebens, die sich in seiner Zeit entwickelt hatten, ihre Ansätze und Merkmale und zum Teil ihre Fallen und Gefährdungen. Heute wissen wir um vielfältige Weisen und Schulen des geistlichen Lebens. Welches ist meine persönliche Richtung und Form? Wo liegen ihre Wurzeln? Wie kam ich dazu? Warum schlug ich diese Richtung ein? Welches sind ihre Merkmale und Gefährdungen? Ich nehme das einmal wahr und in den Blick, ohne zu werten.

53

Die erste Art ist die der Zönobiten. Diese leben im Kloster unter Regel und Abt. (1, 2) Gehen wir also daran, der tüchtigsten Art, nämlich den Zönobiten, mit Gottes Hilfe eine feste Ordnung zu geben. (1, 13)

Benedikt gibt eindeutig dem zönobitischen Mönchtum den Vorzug, für diese Menschen schreibt er seine Regel. Sie leben miteinander, in Gemeinschaft. Unter der Führung des Evangeliums täglich miteinander zu leben, das ist eine intensive Schule. Sie gehen ihren Weg in einer Ordnung des Lebens. In dieser Ordnung tun sie ihren ganz unterschiedlichen Dienst. Sie lassen sich in ihrer Gottsuche und ihrem Dienst unterweisen von einem anderen, der erfahren und beauftragt ist.

*Dann gibt es eine zweite Art, die der Anachoreten
oder Eremiten: Diese nehmen das Mönchsleben nicht
im ersten Eifer des Anfängers auf sich, sondern haben
eine lange Zeit der Prüfung und Bewährung im Kloster
verbracht. Durch die Hilfe vieler Brüder geschult haben
sie gelernt, gegen den Teufel zu kämpfen. Wohlgerüstet
treten sie aus der Reihe der Brüder hinaus und nehmen
den Einzelkampf in der Wüste auf. (1, 3-5)*

„Anachoreten", das sind die „Menschen
des Auszugs". Diese Eremiten und
Einzelkämpfer wichen der Gemeinschaft
nicht aus, sondern sie sind darin geübt und
haben sich darin bewährt; sie lernten in dieser Schule Geduld und Einsicht, Mitgefühl,
Ehrlichkeit und Selbstlosigkeit. Sie sind nicht
so geschwächt, sondern so gestärkt, daß sie
es allein wagen können.
Benedikt kennt selbst Einsiedlerjahre am Anfang seines mönchischen Weges. Er entschied
sich dann aber für die Schule des unablässi-
gen Miteinanders.

55

Eine dritte, ganz abscheuliche Art von Mönchen ist die
der Sarabaiten. Diesen fehlt die Schule der Erfahrung;
sie haben sich nicht in der Zucht einer Regel bewährt
wie das Gold im Feuerofen, sondern sind weich wie
Blei. Durch ihre Taten halten sie immer noch der Welt
die Treue und belügen offenkundig Gott mit ihrer
Tonsur. Zu zweit oder zu dritt oder auch allein leben
sie ohne Hirten; statt in den Hürden des Herrn sind sie
in sich selbst eingesperrt und betrachten ihr eigenes Be-
gehren und Behagen als ihr Gesetz. Sie nennen all das
heilig, was sie selbst für gut und wichtig halten; was sie
aber ablehnen, das gilt ihnen als verboten. (1, 6-9)

In jeder und jedem von uns liegen viele
Möglichkeiten. Ohne Frage sind wir dabei
durch das Spiel der Kräfte in uns auch gefährdet. Benedikt skizziert in den Sarabaiten
Menschen, die im Spiel ihrer eigenen Kräfte
eingesperrt bleiben und sich und anderen in
geistlich oder fromm wirkenden Formen etwas vormachen. Ich stelle mich vor die einzelnen Sätze, die Benedikt hier schreibt, wie
vor einen Spiegel, einen Gewissensspiegel.
Die Gefahr, sich das geistliche Leben bloß
nach eigener Lust und Auswahl zusammen-
zubasteln, wie es mir zusagt, ist heute groß.
Wo wir ihr erliegen, ist jedes wirkliche Fort-
schreiten blockiert und verhindert.

Eine vierte Art von Mönchen ist die der sogenannten Gyrovagen. Diese treiben sich ihr Leben lang in den verschiedenen Gegenden herum und halten sich in den Zellen einzelner Mönche drei oder vier Tage auf; immer unstet, nie beständig, sind sie Sklaven ihrer Launen und der Gaumenlust. (1, 10 + 11)

Das Wandermönchtum der Gyrovagen hatte zunächst gute, evangeliumsgemäße Gründe. Die Heimatlosigkeit Jesu wollte man mitleben und das gänzliche, radikale Gottvertrauen. Aber was Benedikt sieht, ist gezeichnet von manchen negativen Merkmalen: Sie sind unstet, unbeständig, launenhaft, unfrei von sich selbst, sie lassen sich nirgends ein, vermeiden die Schule des echten Miteinanders und der gesunden Konfrontation, gewinnen keine Tiefe, finden – bei allem, wo es sie hertreibt – keine wirkliche Weite. Dem, sagt Benedikt, soll man nicht auf den Leim gehen – weder bei anderen noch bei sich selbst.

57

*Ein Abt, der würdig ist, ein Kloster zu leiten, muß
immer den Titel bedenken, mit dem er angeredet wird
... Der Glaube sieht in ihm ja den Stellvertreter Christi
im Kloster, redet man ihn doch mit seinem Namen an,
wie es beim Apostel heißt: Ihr habt den Geist empfangen, der euch zu Söhnen macht, den Geist, in dem wir
rufen: Abba, Vater!
(Röm 8, 15; Gal 4, 6)/(2, 1-3)*

Jede und jeder von uns hat einen Vater, der
uns leibhaftig das Leben schenkte. Aber
seine Vaterschaft ist nur Teilhabe an der viel
umfassenderen Vaterschaft Gottes. Christus
ist das Ebenbild des unsichtbaren Gottes (Kol
1, 15). Er ist nicht nur unser Bruder als Men-
schensohn, er ist auch – so sagt es Benedikt
– der eigentliche Vater der Mönche, der eigentliche Abt des Klosters. Wer im Kloster
die Leitung übernimmt und in dieser Weise
an seiner Vaterschaft teilhat, ist nur Stellvertreter.
Wie ist das bei Stellvertretern, wenn sie einen
guten Dienst versehen? Ich meditiere den
Stellvertreter ...

58

Der Abt muß wissen: Für jeden Verlust, den der Hausherr bei seinen Schafen feststellt, trifft den Hirten die Verantwortung. Ebenso gilt freilich, daß der Hirte, der einer unruhigen und ungehorsamen Herde alle Hirtensorge geschenkt und gegen ihr verdorbenes Handeln alle Heilkunst aufgewandt hat, im Gericht des Herrn freigesprochen wird und mit dem Propheten sagen darf: Deine Gerechtigkeit habe ich nicht in meinem Herzen verborgen; ich habe von Deiner Treue und Hilfe gesprochen ... (Ps 40, 11)/(2, 7-9)

Wie lebe ich meinen Teil väterlicher oder mütterlicher Verantwortung? Wo wird sie zur Zeit akut? Wie komme ich mit meiner väterlichen/mütterlichen Macht und wie mit meiner väterlichen/mütterlichen Ohnmacht zurecht? Lebe ich in all dem Gott zugewandt und halte mich an seine Treue und Hilfe?

59

Wer also den Namen „Abt" annimmt, muß seinen Jüngern in doppelter Weise als Lehrer vorstehen: Er zeige mehr durch sein Beispiel als durch seine Worte, was gut und heilig ist; den gelehrigen Jüngern lege er die Gebote Gottes mit Worten dar, den Harten und Einfältigeren aber veranschauliche er den Willen Gottes durch sein Beispiel. (2, 11 + 12)

Ich erinnere mich an Menschen, die mir in meinem Leben oder in Phasen meines Lebens väterlich oder mütterlich begegneten und mir weiterhalfen. Ich halte so lange bei diesem Erinnern still, bis ich sie mit Augen der Dankbarkeit anschauen kann, und in meinem Gebet danke ich für eine jede und einen jeden ...

*Als Lehrer halte sich der Abt immer an das Beispiel
des Apostels: Weise zurecht, mahne, tadle! (2 Tim 4, 2)
Das heißt, je nach Zeit und Umständen verbinde er
mit der Strenge die Milde; er zeige bald den Ernst des
Meisters, bald die Güte des Vaters. (2, 23 + 24)*

Bin ich ein Mensch, der anspricht, was auf
dem Tisch oder ungut in der Luft liegt,
oder decke ich lieber ein Tuch über das Duft-
wasser, das den Geruch in der Atmosphäre
zurückhält? Das wäre kein Dienst, sondern
eine Mogelei. Aber ob das, was ich anzuspre-
chen habe und worauf ich hinweisen sollte,
weiterhilft, wird an der Art liegen, in der
ich spreche. Habe ich dabei den anderen im
Blick, oder reagiere ich bloß oder überwie-
gend meinen eigenen möglichen Innendruck
ab?
Kenne ich die Verbindung von Strenge/Milde
und Ernst/Güte aus meiner eigenen Erfahrung? Wie waren sie?

61

Er soll nicht über die Fehler der Schuldigen hinwegsehen, sondern sie, so gut er kann, gleich beim Entstehen mit der Wurzel ausrotten. (2, 26)

Oft werden Fehler nicht angesprochen, weil das unbequem, unangenehm ist und man Angst hat, etwas zu verlieren. Nicht alles ist meine Sache, aber wo ich beteiligt bin, darf ich auch nicht unbeteiligt tun. Die Alternative zu „darüber hinwegsehen" heißt aber nicht „sich darauf stürzen".
Wie verhalte ich mich, wenn jemand mich auf Fehler und Verschulden aufmerksam macht? Kann ich das zulassen, irgendwie (wie?) annehmen, oder muß ich mich wehren und verschließe mich? Wie kann ich besser lernen, im Dialog mit einem anderen aus meinen Fehlern und meiner Schuld zu lernen?

*Er soll wissen, wie schwer und mühevoll die Aufgabe
ist, die er übernommen hat: Seelen zu leiten und der
Eigenart vieler zu dienen; bei dem einen soll er es mit
liebenswürdiger Güte, bei dem anderen mit Tadel,
beim dritten mit eindringlichem Zureden versuchen.
Je nach Veranlagung und Fassungskraft eines jeden
soll er sich an alle so anpassen und anschmiegen, daß
er an der ihm anvertrauten Herde keinen Verlust zu
beklagen hat, sondern sich im Gegenteil am Gedeihen
der guten Herde freuen kann. (2, 31-33)*

In einer Zeit der Stille bete ich für die Männer und Frauen in meiner Familie, meiner
Gemeinschaft, meinem Umfeld, die väterli-
che oder mütterliche Aufgaben übernommen
haben:
- daß sie es wagen, ihre Verantwortung zu
  übernehmen;
- daß sie im Blick auf Gott Seelen leiten;
- daß sie der Eigenart vieler dienen;
- daß sie zu liebevoller Güte fähig werden;
- daß sie fähig werden zu tadeln;
- daß sie sich der Art eines jeden nähern und
  anpassen können;
- daß sie niemanden, der ihnen anvertraut
  ist, verlieren müssen;
- daß sie in ihrem Dienst auch wirkliche
  Freude finden.

63

Vor allem darf er nicht über das Heil der ihm anver-
trauten Seelen hinwegsehen oder es geringschätzen
und seine Hauptsorge den vergänglichen, irdischen
und hinfälligen Dingen zuwenden. (2, 33)

Wie steht es da um mich: Wage ich es,
andere, die Verantwortung übernommen haben, aufmerksam zu machen, wenn
sie Nebensächliches zu wichtig nehmen und
sich selbst darin verzetteln? Bin ich selbst in
Gefahr, über Wichtiges hinwegzusehen und
weniger Wichtiges zu hochzuschätzen? Suche ich die Gesellschaft von Menschen, die
es wagen würden – wenn es so wäre –, mir
das zu sagen?

*Er sei fest davon überzeugt: Am Tag des Gerichts muß
er dem Herrn Rechenschaft ablegen über die Seelen
aller Brüder, die unter seiner Leitung stehen, dazu
natürlich auch über seine eigene Seele. (2, 38)*

Ich sehe in einer Zeit des Gebetes auf alle,
die in mein Leben väterlich oder mütterlich hineinwirkten und ihrer Verantwortung
nicht entsprachen, so daß ich darunter litt
und Schaden nahm, weil Wesentliches fehlte.
Ich gebe dem Erkennen und Schmerz einen
Raum. Aber dieser Raum hat (mindestens)
zwei Türen. Ich muß zwar hindurchgehen,
vielleicht sogar durch die Bitterkeit, aber ich
kann jetzt zur anderen Tür hinausgehen. In
einem anderen „Raum" meines Lebenshau-
ses bete ich weiter und beginne damit, den
schuldig gebliebenen und schuldig geworde-
nen Vätern und Müttern in meinem Leben zu
verzeihen.

65

... die Verantwortung, die er für andere trägt, wird ihn veranlassen, auf sich selbst achtzugeben. Und indem er durch seine Mahnungen anderen zur Besserung verhilft, läutert er sich selbst von seinen eigenen Fehlern. (2, 39b + 40)

Für mich selbst bete ich um Kraft und Gnade, auf die rechten Dinge achtzugeben und mich vom Wichtigen durch das viele nicht ablenken zu lassen. Und ich bitte Gott um seine erbarmende Zuwendung, damit ich in dem, was ich im Leben und an Verantwortung zu tragen versuche, immer lauterer werde.

Sooft es sich im Kloster um eine wichtige Angelegenheit handelt, soll der Abt die ganze Klostergemeinde zusammenrufen und selbst die Angelegenheit vortragen. (3, 1)

Aufbau und Gestaltung der Gemeinde sind die Sache der ganzen Gemeinde. Niemand darf sich da heraushalten oder herausgehalten werden. Jede und jeder muß hören und sagen können.

„Wer Ohren hat, zu hören, der höre, was der Geist zu den Gemeinden sagt" (Offb 2, 7), so schrieb Benedikt bereits im Prolog der Regel (Prolog 11). Dieses Hören auf das, was der Geist in der Gemeinde sagt, stellt einen hohen Anspruch an jede beteiligte Person. Alleingänge sind nicht zulässig. Die Aufgabe des Abtes ist dabei zusammenzurufen, immer wieder und jedesmal, und darzulegen, worum es geht. Das heißt: Raum und Thema zu eröffnen, damit der Geist sein Werk unter uns, in unserer Realität wirken kann.

67

Er soll den Rat der Brüder anhören, dann die Sache
bei sich überlegen und das tun, was er für richtig hält.
Daß zur Beratung alle gerufen werden, bestimmen wir
deshalb, weil der Herr oft einem Jüngeren offenbart,
was das Bessere ist. (3, 2 + 3)

Menschen haben verschiedene Einsichten, Perspektiven und Ansichten und übernehmen zudem im Prozeß einer Gemeinschaft verschiedene Rollen. Dabei hat ein jeder, eine jede eine eigene unaustauschbare Kompetenz. Wir haben verschiedene Kompetenzen, keine und keiner kann diese einfach abgeben. Nehme ich in meiner Gemeinschaft, Gemeinde, Familie meine Kompetenz wahr und bringe ich sie in unser gemeinsames Ganzes ein?

Doch sollen die Brüder ihren Rat demütig und beschei-
den geben und sich nicht herausnehmen, ihre Meinung
hartnäckig zu verteidigen. Aber wie es sich für den
Jünger schickt, dem Meister zu gehorchen, so ist es
Pflicht des Abtes, alles umsichtig und gerecht anzuord-
nen. (3, 4 + 6)

Zur eigenen Kompetenz zu finden und zu stehen und dies angemessen einzubringen, das lernt sich nicht im Handumdrehen. Wir werden dabei vielen Schichten und Emotionen in uns begegnen. Wenn ich da ehrlich hinsehe und mir nichts vormache (denn das brauche ich nicht), wird meine Weise, etwas zu sagen und einzubringen, davon geprägt – auch wenn es mir nicht erspart sein wird, meine Grenzen da immer wieder einmal zu berühren. Dann gilt es, nicht zu erschrecken und nicht stur zu werden. Diese Aufmerksamkeit für mich und Achtsamkeit für das Ganze sind eine hervorragende Schule für das menschliche, gläubige Miteinander.

Alle sollen daher in allem der Weisung der Regel fol-
gen, und niemand darf leichtfertig von ihr abweichen.
Niemand im Kloster soll dem Begehren seines eigenen
Herzens folgen, und niemand darf sich herausnehmen,
mit seinem Abt frech oder außerhalb des Klosters zu
streiten. (3, 7-9)

Hier werden uns drei Kriterien für Entscheidungsfindungen oder Konflikte dabei in benediktinischen Gemeinschaften ge-
liefert:
– die Weisungen der Regel kennen und sie
  grundsätzlich und wirklich schätzen;
– das Pferd des eigenen Herzensbegehrens
  nicht davongaloppieren lassen;
– in sich und aus dem eigenen aufgewühlten
  Inneren nicht frech werden und streiten; der
  Abt in seiner Rolle ist ein guter Prüfstein, an
  dem ich merken kann, wo ich gerade stehe
  und woran ich mich gerade stoße.
Wenn wir uns an diese Kriterien halten, können wir geistlich kreativ Methoden finden
und in Prozesse hineingehen, um unsere
Themen – welche auch immer das seien – einigermaßen gut zu bewältigen.

70

Handelt es sich um weniger wichtige Angelegenheiten
des Klosters, so ziehe man nur die Älteren zu Rate.
(3, 12)

Noch an mehreren Stellen der Regel werden wir auf Worte Benedikts stoßen,
mit denen er zum Schweigen mahnt. In diesem Kapitel mahnt er zum Sprechen, nicht
zum Zerreden, aber zum Sprechen. Was die
Gemeinschaft angeht, soll nichts im Alleingang geschehen. Wie gehe ich damit um? Mit
solchem Können wird keiner schon geboren,
jeder Mensch muß das lernen und üben.

71

Es steht ja geschrieben: Tu alles mit Rat, dann
brauchst du nach der Tat nichts zu bereuen.
(Spr 31, 3)/(3, 13)

Rat ist etwas, das man aufgrund der eigenen Erfahrung anderen geben kann. Ich
kann Rat erfragen, Rat suchen, sogar jemanden zu Rate ziehen. Bin ich ein Mensch, der
um Rat fragen kann? Der auch weiß, mit sich
selbst – wie man sagt – zu Rate zu gehen?
Manchmal kommt der Ratschlag von jemandem eher als Schlag denn als Rat bei uns an.
Es ist nicht einerlei, wie einer den nötigen
Rat gibt, wie ich den Rat erteile.
Ich will nie aufhören, Rat zu suchen, das
heißt, aus der Weisheit der Erfahrungsschät-
ze zu schöpfen für immer neu Aktuelles in
immer neuen Konstellationen und allen möglichen Wendungen.

72

Die Instrumente der guten Werke
(4)

„Instrumente der guten Werke" ist das Kapitel überschrieben. Ursprünglich stellt es eine Moralkatechese dar, die nicht für Mönche, sondern für Christen allgemein gedacht war. Grundlage für das Mönchsein sind das Menschsein und das Christsein. Wie ist das bei mir mit Basis, Aufbau und Reihenfolge? Alles klar und gesund? Dann können wir mit diesen Instrumenten ans Werk gehen und gute Werke tun. Es wird sich zeigen, daß es für Benedikt und die altkirchliche Morallehre da viel mehr gibt, was möglich und einzubeziehen ist, als das heute noch christliches Allgemeingut ist.

Vor allem: Gott, den Herrn, lieben von ganzem Her-
zen und ganzer Seele und mit ganzer Kraft.
(Mk 12, 30; Lk 10, 27)/(4, 1)

Das Wichtigste zuerst. Das Wichtigste im christlichen Leben ist nicht der andere Mensch, das Wichtigste bin nicht ich in meiner Selbstentfaltung, Selbsterhaltung und Selbstdisziplin. Das Wichtigste im christlichen Leben sind Gottbezogenheit und Gottesliebe auf allen Ebenen, mit allen Sinnen, Energien und Kräften. Alles übrige hängt daran, fußt darauf und baut darauf auf.

Wo in meinem Leben haben Gottesbezug und Gottesliebe denn (erst einmal ganz ohne zusätzliche Werke) ihren Raum?

Dann: den Nächsten lieben wie sich selbst.
(Mk 12, 31; Lk 10, 28)/(4, 2)

Variationen zu einem jesuanischen und biblischen Grundgebot:
- Den Nächsten wie mich im Blick haben und mich wie den Nächsten in Blick haben.
- Den Nächsten ernst nehmen wie mich und mich wie den Nächsten ernst nehmen.
- Dem Nächsten Gutes gönnen wie mir selbst und mir wie dem Nächsten Gutes gönnen.
- Dem Nächsten das Leben zumuten wie mir selbst und mir wie dem Nächsten das Leben zumuten.
- Den Nächsten von Herzen bejahen wie mich selbst und mich selbst von Herzen bejahen wie den Nächsten.

75

Dann: nicht töten. (Mt 19, 18)/(4, 2)

Es gibt viel destruktive Energie in der Welt, die dem Leben Atem und Raum nimmt und Gewalt antut und das Klima vergiftet, ohne daß je Totschlag sichtbar würde. Das destruktive Potential kann gegen andere oder gegen einen selbst gerichtet sein, immer will es zerstören, töten, Leben nehmen. Das Zerstörerische, Mörderische hat viele Gründe, Abgründe und Geheimnisse. Wir werden sie nicht aus der Welt schaffen können. Aber auch hier gilt: global denken – lokal handeln. Jetzt und hier nicht töten und keine Gewalt antun. Jetzt und hier auf jedes Töten und jede Gewalt verzichten.

76

Nicht ehebrechen. Nicht stehlen. Nicht begehren. (Mt 19, 18: Röm 13, 9)/(4, 4-6)

Gewalt tut nie gut und fast immer Böses. Sie will zuviel, sie will, was ihr nicht zukommt und zusteht, sie will es auf falschem Wege, sie will es immer erzwingen. Richtiger gesagt: Wenn ich Gewalt verübe, tue ich nie gut und fast immer Böses. Ich will zuviel, ich will, was mir nicht zukommt, ich will es auf falschem Wege, ich will es erzwingen.
Wenn Du Gewalt verübst, tust Du nie gut ...
Wenn er, wenn sie Gewalt verübt, tut er/sie nie gut ...
Die Weisung der Regel lautet: keine Gewalt ausüben, nicht ehebrechen, nicht stehlen, nicht begehren.

Kein falsches Zeugnis geben.
(Mt 19, 18; Mk 10, 19)/(4, 7)

Ich will den Heiligen Geist bitten, mich zu lehren und mir zu zeigen, und will wirklich zulassen, was er zeigt und in mir wirken will.

Wovon gebe ich Zeugnis und wovon nicht?

Warum das eine, warum das andere?

Bin ich darin echt genug, wahr genug, bis an meine Grenzen echt und wahr?

Wo sind meine persönlichen Fallen, Stellen, an denen leicht ein falscher Ton ins Zeugnis kommt, an denen ich leicht ein unechtes, vielleicht sogar ein falsches Zeugnis gebe?

78

Alle Menschen ehren. (4, 8)

Benedikt erweitert das biblische Gebot von „Vater und Mutter ehren" (Dtn 5, 16). Nicht die individuelle Elternschaft ist der vorrangige Grund zu ehren, sondern das gemeinsame und gottgeschenkte Menschsein. Weil wir uns alle Gott verdanken, sollen wir alle ehren.

Was heißt „ehren" denn? Gewiß gehört folgendes dazu: respektieren, achten, wertschätzen, wahrnehmen, ansehen.

Heute will ich bei allen, denen ich begegne, bemüht sein, sie nicht zu ignorieren und nicht zu verunehren.

79

Keinem anderen etwas antun, was man selbst nicht erleiden möchte. (Mt 7, 12)/(4, 9)

Oft lieben wir so, wie wir geliebt werden wollen. Oft dienen wir so, wie wir gedient bekommen wollen. Oft machen wir es anderen so, wie wir es gerne gemacht bekommen würden. Das ist längst nicht, was Jesus meint, der gut wußte, wie verschieden Menschen sind und erleben. Nicht zwei erleben einen Augenblick genau gleich, jeder hat seinen eigenen Herzschlag und Fingerabdruck, bei allem. Also nehmen wir das hinzu: den anderen nicht verletzen, preisgeben, aufgeben in seiner Art, wie ich nicht verletzt werden möchte in meiner Art. Die Möglichkeiten und Grenzen des anderen in seiner Art respektieren und schätzen, wie ich darin in meiner Art respektiert und geschätzt werden will.

80

Sich selbst verleugnen, um Christus nachzufolgen.
(Mt 16, 25; Lk 9, 23)/(4, 10)

Ich denke an einen Menschen, der gut darin
geübt ist, sich selbst zu verleugnen, aus Angst
vor neuem Leid, aus zu großem Respekt vor Kon-
ventionen, aus falscher Friedensliebe und Angst
vor Konflikten. Das zu sehen macht traurig.
Ich denke an einen Menschen, der sich kaum zu-
rücknehmen und verleugnen kann, der panische
Angst hat, zu kurz zu kommen, wenn er sich irgendwo hintenanstellt. Das zu sehen macht traurig.
Jesus sagt aber, es gehöre wesentlich zur Jün-
gerschaft, sich selbst zu verleugnen, um ihm
nachzufolgen. Wenn ich, um Ihm nachzufolgen, mich verleugne und hintenansetze, werde
ich nicht Entfremdung, sondern Zugang, nicht
Abnahme, sondern Zuwachs erleben. Aber
eben dann, wenn es um Seinetwillen und der
Liebe willen geschieht, wenn ich mehr darauf
als auf das eigene Maß vertraue, mich dem
mehr als dem eigenen Maß anvertraue.

81

Den Leib in Zucht halten. (1 Kor 9, 27)/(4, 11)

Manche erlegen sich viel Training auf, um sich fit zu halten. Fitneßstudios gehören zur Zeit zu einer boomenden Branche. Wenn es hier heißt, „den Leib in Zucht nehmen", dann geht es um ein Training, das sich auf mehr als den Leib bezieht, in das aber alle Sinne, Glieder und konkreten Bewegungen einbezogen sind: meine Augen, Ohren, Mund und Hände, mein Aufstehen, Auftreten, Stillhalten, Durchtragen, mein Entgegenkommen und Lebendigsein. Dies alles ist einbezogen, damit ich meinen Dienst gut und gerne erfüllen kann. Denn damit lebe ich meine Berufung.

82

Nicht suchen, was den Sinnen schmeichelt. (4, 12)

Natürlich ist das so: Das eine höre, sehe, spüre und tue ich lieber, das andere weniger gerne. Das ist natürlich, und wenn es sich ergibt, will ich es dankbar so nehmen. Aber wenn nicht, was dann?
Drehe ich an den Dingen, manipuliere ich sie? Wie treffe ich in dem, was möglich ist, meine Auswahl? Lasse ich mich vom Gefallen und Gefälligen bestimmen, gewinnen, einnehmen? Ich will versuchen, heute wach und selbstkritisch zu sein, und mich und mein Gefallen nirgendwo zum Maßstab machen. Ich will sehen und suchen, was Gott gefällt.

83

Das Fasten lieben. (4, 13)

Verzicht gehört zu jedem Leben. Wer anderes sagt und verspricht, mogelt. Oft hat der Verzicht etwas Notgedrungenes, Unvermeidliches. Ich kann versuchen, dem zu entkommen. Ich kann versuchen, die Lücke mit anderen Dingen und Themen zu stopfen. Ich kann versuchen, mich vom Mangel abzulenken.

Fasten heißt, in den Verzicht einwilligen. Fasten lieben heißt, ihn bereitwillig anzunehmen und zu bejahen und sogar vom Möglichen zu lassen.

Viel Leben findet seine Erfüllung nicht, weil nicht geübt wurde, die Unerfülltheit, die vor jeder wirklichen Erfüllung liegt, gut und eben unerfüllt auszuhalten und zu leben.

84

Den Armen zu essen geben. Die Nackten bekleiden.
(Mt 25, 36)/(4, 14 + 15)

Erst kamen die großen und zentralen Gebote als Instrumente der guten Werke. Jetzt geht es um die Werke der Barmherzigkeit. Hier geht es darum, zu teilen, was ich habe oder besorgen kann, und darum, zu teilen, wie es angemessen ist, und darum, beides im Blick zu behalten.

Das heißt, mit einem Hungrigen nicht den Traum teilen, sondern das Essen. Einem Nackten kein Buch geben, sondern einen Mantel. Mich diesem Anspruch nicht entziehen und das auf eine mitfühlende und vernünftige Weise tun.

85

Die Kranken besuchen. (Mt 25, 36)/(4, 16)

Wann zuletzt nahm ich mir Zeit, um einen Kranken zu besuchen und seiner Erfahrung von Schwäche, Leid und Grenze liebevoll und freundlich entgegenzukommen? Es gibt Zeiten, da ist jeder darauf angewiesen, ohne daß er es selbst noch leisten kann. Wenn ich mir diese Zeit üblicherweise nicht nehme, wenn ich mir soviel Zeit nicht lasse, geht mir selbst auch etwas verloren, das ich brauche, um mit den eigenen Schwächen, Grenzen und Leiden menschlich gut und gelassener umzugehen.

86

Die Toten begraben. (Vgl. Tob 1, 20)/(4, 17)

Vom alttestamentlichen Tobit heißt es, daß es sein Werk der Barmherzigkeit war, trotz des offiziellen Verbots die Toten zu begraben. Heute erleben wir auf der einen Seite ein Anwachsen neuer Totenkulte und -riten und auf der anderen Seite, wie zunehmend Menschen beinahe namenlos und ohne menschliche Begleitung sterben und begraben werden. Vielleicht bin ich gemeint und sollte als Bruder und Schwester Jesu Christi dieses „Instrument" der geistlichen Kunst üben, dort hingehen und ein Stück weit mitgehen, wo keine Beziehung mehr übrigblieb und keine Konvention mehr stützt.

87

Denen, die in Bedrängnis sind, zu Hilfe kommen.
(4, 18)

„Du hast mir Raum geschaffen in der Bedrängnis", spricht der Beter eines Psalms. Bedrängnis hat zahllose Weisen, auf die es einem äußerlich oder innerlich ganz eng und unausweichlich wird.
Ich erinnere mich betend und dankend an Menschen, die mir in der Bedrängnis Raum gaben, ließen oder öffneten. Und ich will um Gottes willen und mit Gottes Hilfe dem Nächsten, den ich in Bedrängnis sehe, helfen, solchen Raum zu suchen und zu finden.

88

Die Trauernden trösten. (4, 19)

Die Wirklichkeit des Trostes gehört zu den menschlichen und religiösen Grundtönen. In diesem Raum geht es nicht mehr um aktives Helfen, nicht die Stärke unserer Tüchtigkeit ist dort gefragt, sondern die Kraft unseres Mitgefühls und Mitleidens. Teilnehmen und Zuhören, nicht Wegreden, nicht Erklärungen. Dabeibleiben, nicht Ausweichen sind Elementarteile des Tröstens.

89

Sich fernhalten vom Treiben der Welt. (4, 20)

Als Christin darf ich viele Spiele, die in unserer Gesellschaft gespielt werden, nicht mitspielen. Manches kann ich aus Klugheit vermeiden, wenn ich Abstand halte in Gedanken, Worten, Werken. Das ist eine nüchterne, aber sehr hilfreiche Erkenntnis.

Also, was bekommt mir nicht, tut nicht gut und schadet? Wovon sollte ich mich mehr fernhalten? Es wäre wünschenswert, daß unser Fernhalten auf einer echten Entscheidung beruht, nicht auf Not, Ängstlichkeit oder sonst etwas von dieser Art.

Der Liebe zu Christus nichts vorziehen. (4, 21)

Viele Instrumente der guten Werke oder – wie sie auch heißen – „Werkzeuge der geistlichen Kunst" sind in diesem Kapitel der Regel aufgeführt. Wie soll ich mich zurechtfinden, finden, welches jetzt das passendste für mich ist, um damit zu arbeiten und zu üben? Dieser Vers hier ist wie eine Wünschelrute. Wenn ich ihn im Herzen und von Herzen betend bewege, wird sich vermutlich das mir jetzt angemessene Instrument beim Durchlesen der Verse – ganz anders, als ich es denkerisch leisten kann – in meine Hand legen. Denn darum geht es bei allem spirituellen Üben: daß wir Menschen werden, die der Liebe zu Christus nichts vorziehen.

91

Nicht im Groll verharren. (4, 23)

Wenn ich im Groll verharre, niste ich mich in ein giftiges Gewebe ein, das nach und nach alles vergiftet wird. Zorn, Ärger, Mißmut, Groll gehören zum menschlichen Gefühlspotential und haben ihren Sinn im ganzen. Nicht sie selbst, aber jedes Verharren darin ist giftig. Und keinen Augenblick lang will ich diesen Kräften die Handlungsfreiheit in meinem Leben im Alleingang überlassen.
Ich überdenke und durchbete meine letzte Erfahrung mit Zorn und Groll und öffne sie auf Gott hin.

92

Keine Falschheit im Herzen tragen. (4, 24)

Bin ich mir selbst gegenüber eigentlich ehrlich, oder neige ich dazu, mir etwas vorzumachen? Es kann eine sehr befreiende Erfahrung im menschlichen und geistlichen Leben sein wahrzunehmen, daß ich mir selbst überhaupt nichts vormachen brauche. Und es kann guttun, diese Befreiung in einer täglich eingeplanten Zeit der Ehrlichkeit immer neu wahr zu machen, in immer neuer Konkretheit. Ehrlichkeit wird mir rundum guttun ...

93

Nicht heuchlerisch Frieden bieten. (4, 25)

Im Leben sind Konflikte normal und unumgänglich. Daran kann sich meine Fähigkeit zu Friedensschlüssen immer neu einüben. Für harmoniebedürftige Menschen ist es eine echte geistliche Kunst zu lernen, keinen falschen Frieden zu bieten und zu schließen. Falscher Friede wird im Handumdrehen fauler Friede. Wie steht es um mein Harmoniebedürfnis?
Friedenssehnsucht führt weiter. Harmoniebedürfnisse verführen uns leicht.

94

Von der Liebe nicht lassen. (4, 26)

Viel muß ich im Leben lassen, immer
wieder. Mein Wollen ist fast nie gefragt,
fast immer aber mein Einwilligen. Das wird
menschlich und geistlich eher möglich, wenn
ich wie bei einer Litanei als Kehrvers zu beten übe: „Von der Liebe nicht lassen", wie ein
Herzensgebet, Atemzug für Atemzug, so oft,
wie es nötig ist.

- Freunde eigene Wege gehen lassen – von
  der Liebe nicht lassen.
- Kinder ziehen lassen – von der Liebe nicht
  lassen.
- Pläne scheitern lassen – von der Liebe nicht
  lassen.
- Hoffnungen fahren lassen – von der Liebe
  nicht lassen.
- Sicherheiten schwinden lassen – von der
  Liebe nicht lassen.
- Kräfte abnehmen lassen – von der Liebe
  nicht lassen.
- Sterbende/s gehen lassen – von der Liebe
  nicht lassen.

95

Nicht schwören, um nicht falsch zu schwören.
Die Wahrheit mit Herz und Mund bekennen.
(Mt 5, 34)/(4, 27 + 28)

Es ist aufschlußreich, einmal anzusehen, welche Bekenntnisse mein Herz und mein Mund am heutigen Tag abgelegt haben.

Woran habe ich heute geglaubt? Woran habe ich heute nicht geglaubt?

Woran glaube ich, wenn ich so lebe, wie ich lebe?

Welche Wahrheit bekennt mein Leben denn?

Gibt es in meiner Art, zu leben, widersprüchliche Bekenntnisse?

Ich kann mich entscheiden, worauf ich den Eid des Lebens ablegen möchte.

Paßt, was ich lebe, zu dieser Entscheidung, oder lebe ich den „Meineid"?

Nicht Böses mit Bösem vergelten. (4, 29)

Wenn ich mich ehrlich prüfe, mit welcher Münze zahle ich heim? Ich schaue auf die vergangenen Wochen:
– Wenn mich jemand verletzt ...
– Wenn mich jemand schlechtmacht ...
– Wenn mir jemand eine Falle stellt ...
– Wenn mich jemand auszunützen versucht ...
– Wenn mich jemand an Leib und Seele anpöbelt ...
– Wenn mich jemand belügt ...
– Wenn mich jemand hintergeht ...
Heute will ich versuchen, so zu reagieren, daß ich dabei weder dem Gegenüber noch mir selbst damit etwas Böses tue.

Niemandem Unrecht tun, aber auch erlittenes Unrecht geduldig ertragen. Die Feinde lieben.
(Mt 5, 44; Lk 6, 27)/(4, 30 + 31)

Niemandem Unrecht tun – gewaltlos handeln, egal, worum es geht.
Erlittenes Unrecht geduldig ertragen – der Gewalt gewaltlos standhalten, egal, worum es geht.
Die Feinde lieben – gewaltlos jene ansehen, die Gewalt tun, egal, um wen es geht.
Die Gewaltlosigkeit ist eine große Kraft im kleinsten und größten Miteinander von Menschen. Jeder Mensch kann sie erlernen, wenn er es geduldig will und (durch viel Ein- und Ausatmen) langen Atem gewinnt. Es ist eine Entscheidung nötig. Benedikts geistliche Kraft ist beseelt von leidenschaftlicher Gewaltlosigkeit.

Wenn jemand uns flucht, nicht mit Fluch antworten,
sondern vielmehr mit Segen. (4, 32)

Es geht nicht darum, ob es öffentlich war,
es geht darum, ob es wirklich war:
– Wann zuletzt tat mir jemand Böses an,
  wünschte mir Böses?
– Wann zuletzt tat und wünschte ich das?
– Wann zuletzt wünschte ich jemandem
  wach und bewußt Gutes, erflehte von Gott
  Segen und Gutes für jemanden?
– Wann zuletzt für jemanden, der mir Böses
  wollte oder nachsagte?

Eine alte Schwester in unserem Kloster bete-
te oft mit den Worten Jesu: „Vater, vergib ihnen, denn sie wissen nicht, was sie tun." (Lk
23,34) Früher verstand ich den realen Wert
dieses Gebets für den Alltag weniger als heute. Durch dieses Gebet des Herzens fließt Segen in vom Bösen belastete Räume.

99

Verfolgung erleiden um der Gerechtigkeit willen.
Nicht stolz sein. (4, 33 + 34)

Wenn mir jemand nachstellt, wenn mich jemand anfeindet, wenn mich jemand ins Unrecht setzt, wenn mir jemand Leid zufügt ...

Ich will stehenbleiben, nicht weglaufen, standhalten, nicht gegen die Aggression ankämpfen und sie doch ansehen, zuwarten, bis sie sich legt (in mir und vielleicht beim anderen), nicht ausweichen, nicht nachlassen, mich nicht kleinmachen, mich nicht großmachen, nicht stolz sein gegen jemanden, nicht stolz sein für jemanden mit dem, was ich verstehe, mit dem, was ich nicht verstehe, in Gottes Hand stillhalten und mein Leben von nichts als davon prägen lassen ∴.

... und dann den nächsten Schritt tun.

100

Kein Trinker und kein großer Esser sein. (4, 35 + 36)

In einer Welt, in der wir ständig von Bildern und Dingen umworben sind, in der die Marktwirtschaft davon lebt, daß sie uns ständig zu reizen versucht mit ihren Einflüsterungen – „nimm mich, kauf' mich, füll' dich mit mir, ich mache Dich reich, satt und schön" –, müssen wir das gesunde Maß in uns selbst finden und stärken, sonst gehen wir in der Überfüllung unter. Maßlosigkeit macht uns krank und kann uns umbringen. Es ist oft mit Mühe und Fehlversuchen verbunden, bis wir uns auf dieses gesunde Maß für Leib und Seele einpendeln können. Benedikt will, daß wir unsere Lebensweise so ordnen, daß sie uns darin fördert, alles mögliche Zuviel bald wahrzunehmen und eine dem Leben dienliche Selbstdisziplin zu entwickeln – nicht weil wir uns nicht gönnen, die Leerräume des Lebens zu füllen, sondern weil wir von Gott her reich genug sind, so daß auch sie (in der inneren wie äußeren Realität) Raum haben.

101

Nicht dem Schlaf ergeben sein. (4, 37)

Der Schlaf gilt als kleiner Bruder des Todes, weil alle Sinne dann zur Ruhe kommen. So, wie wir geschaffen sind, brauchen
wir den Schlaf zum Leben, immer wieder.
Aber es gibt auch die Flucht in den Schlaf.
Vielleicht will ich mir ja einmal real-symbo-
lisch die Decke über die Ohren ziehen. Aber
das ist kein Ort, um dort zu bleiben. Wenn
ich mein Leben verschlafen will, wenn ich in
die Zonen des Schlafes flüchte, wenn ich im
Schatten des Halbschlafs mein Leben führe,
kann ich Christus nicht nachfolgen, kann ich
das Heil und den Heilenden nicht finden.
Ich will Jesus Christus bitten, mich wach zu
machen, wo ich schlafe ... vielleicht sogar
schlafe, ohne daß ich es merke.

102

Kein Faulenzer sein. (4, 38)

Nein, ich muß mir das Leben nicht schwerer machen, als es ist. Ich muß es auch nicht ableisten und abarbeiten wie ein Pensum oder stemmen wie ein Gewicht.

Viele Erfindungen wurden in höchst kreativer Weise gemacht, um das Leben zu vereinfachen. Aber das hat mit Faulheit und Bequemlichkeit nichts zu tun. Der eine schaut genau hin und findet die Vereinfachung, der andere macht die Augen zu und schaut weg, hängt ab, stiehlt sich davon und macht es sich vordergründig einfacher. Das Gegenstück zur Bequemlichkeit heißt meistens nicht Unbequemlichkeit, sondern Aufmerksamkeit, das Gegenteil zur Faulheit ist nicht Betrieb, sondern Engagement.

Wo wäre vielleicht heute eine gute Gelegenheit für mich, meine Bequemlichkeit unauffällig zu überwinden?

103

Kein Murrer sein. (4, 39)

Benedikt ist ganz und gar gegen das Murren und sagt, dem sollen wir gar keinen Raum in unseren Herzen und Gemeinschaften geben. Das Murren liegt nicht in den Dingen, sondern in den Herzen, die die Wirklichkeit aus inneren, dahinterliegenden Gründen rein negativ filtern und kommentieren. Und das in einer Weise, die keinem weiterhilft, sondern statt dessen wie Smog die Luft verpestet, die alle einatmen.

Murren ist nie eine Hilfe. Murren ist nie ein Dienst. Murren baut nie auf. Wer murrt, sagt nicht die Wahrheit. Wer murrt, ist fast immer lieblos.

Kein Ehrabschneider sein. (4, 40)

Es gibt viele Hinweise in Benedikts Regel, die die gute und nicht gute Art, zu sprechen, beschreiben. Hier geht es darum, wie ich über andere spreche. Welches ist mein Grundton beim Sprechen über andere? Ist es diskret? Fair? Oder trete ich, wie man so sagt, Dinge breit? Meistens sind das negative Dinge.

In dem, was jemand sagt, vermischt sich immer die Realität mit der jeweils eigenen Interpretation. Das Reden über andere und all die beigemischten Interpretationen haben immer auch mit mir selbst zu tun. Was treibt mich dazu, daß ich über andere negativ rede?

105

Seine Hoffnung auf Gott setzen. (4, 41)

Worauf setze ich denn?
Auf mein Können und meine Tüchtigkeit?
Auf meine Familie und meine Beziehungen?
Auf meine Überzeugungskraft und mein Image?
Auf Menschen, die ich meine gewinnen zu können?
Auf die Macht der Gewohnheit?
Ich will einmal einen Tag lang nur darauf achten, worauf ich meine Hoffnungen setze, und ehrlich sehen, wie Gott darin vorkommt – und sehen, ob es denn so für mich stimmt.

106

*Wenn man etwas Gutes an sich findet, es Gott
zuschreiben, nicht sich selbst; das Böse dagegen
immer als sein eigenes Werk erkennen und sich selbst
zuschreiben. (4, 42 + 43)*

Wenn ich etwas wachsen, werden, gelingen sehe, will ich froh darüber sein
und das Gute wahrnehmen und gut nennen,
ohne mich zu ducken, ohne mich zu strek-
ken, ohne die Luft anzuhalten, ohne mich
und meinen Teil daran zu wichtig zu nehmen
und irgendwie in Szene zu setzen, sondern
dankbar dafür sein, daß viel gut zusammen-
kam und Gott seinen Segen – das Wichtigste
bei allem Guten – dazugab.
Wenn ich Mißlingen und Ungutes sehe, will
ich meinen Teil daran übernehmen und dazu
stehen, ohne etwas schönzureden oder mich
ins Allerlei der Erklärungen zu flüchten, und
ich will Gott um sein Erbarmen für Stück-
werk und Bruchstücke und um seine immer
neue Gnade bitten.

107

Den Tag des Gerichts fürchten. (4, 44)

Sollte denn die Angst ein Werkzeug sein, um gute Taten zu vollbringen? Jedenfalls gehört zu den Wirkungen der Angst, daß wir nicht einschlafen und wach ansehen, was kommt und sich tut.

Aber man kann vor ganz verschiedenen Dingen Furcht haben. Und zweifellos prägt die Furcht, die wir haben, unser Verhalten und Tun. Wovor habe ich Furcht? Wenn ich besser lerne, vor den wirklich großen Gefahren Furcht zu haben, sie wichtig zu nehmen, werde ich auch mit den kleineren Gefahren besser umgehen können.

Benedikt sagt uns: Bewahre Dir die Furcht, daß Du Dein Leben verfehlen könntest, und vergiß nicht, daß Du Gott Rechenschaft für Dein Tun und Lassen schuldig bist ... und dann tue und lasse heute, was dazu paßt.

108

Vor der Hölle zittern. (4, 44 + 45)

Wann und wovor zitterte ich denn zum letzten Mal? Gehört die „Hölle" dazu? Man könnte sagen, es gibt Vorstellungen von der Hölle, die wir heute eigentlich nicht mehr haben. Aber wir haben mit nicht weniger Bildern aus unserer inneren und äußeren Welt viel Ahnung und Vorstellung von dem, was höllisch ist.

Die Hölle hat schon angefangen. Der Himmel hat auch schon angefangen. Wir stellen die Weichen, welche Richtung unser Leben nimmt.

Und das sagt uns die Glaubenstradition mit großem Ernst: Es gibt eine Zeit, da sind die Weichenstellung und die Richtung unumkehrbar, jetzt und in Ewigkeit. Es ist besser, rechtzeitig zu erschrecken und zu zittern, als es einfach laufen zu lassen. Es schadet nicht, wenn die Hand zittert, die die Weiche umstellt.

109

Mit der ganzen Sehnsucht des Geistes nach dem
ewigen Leben verlangen. (4, 46)

Die Furcht kann in bestimmten Momenten oder Phasen des Lebens ein Instrument sein, das uns hilft, wachsam zu sein, und das uns in Gefahrensituationen lenkt. Aber die Kraft der Sehnsucht ist wie der Grundantrieb und Motor in unserer Ausrichtung und unserem Weitergehen. Was ist Grundsehnsucht in meinem Leben? Offenheit und Weitung in meinem Innersten kommt von ihr her.

Ich kenne einen Menschen, der sagt, daß die Erde, über die er nun schon lange gehe, die Verheißung, die er wie einen Schatz im Herzen trage, nicht erfüllen könne, das Versprechen, um das er wisse, mit dem besten Willen und den besten Kräften nicht halten könne. Aber er habe keinen Zweifel, daß es eine Entsprechung für diese namenlose Verheißung, für die Wirklichkeit dieses Versprechens gibt. Er lasse sich davon durch nichts abbringen.

110

Den drohenden Tod sich täglich vor Augen halten.
(4, 47)

In der spirituellen Tradition entwickelte sich die Übung der „meditatio mortis". Wer den Tod meditiert, wer im geweiteten und akzeptierten Horizont der Vergänglichkeit sein Leben führt, lernt, kommen und gehen zu lassen, verbeißt sich nicht, kann lachen und weinen und geht doch nicht unter, obwohl er sterben wird. Er kann zu einer Gelassenheit finden, die dem Leben gut ist und guttut.
Wer Vergänglichkeit, Sterben und Tod zu verdrängen sucht, macht sich sehr viel vor, lebt nicht echt genug. Richtig leben heißt nicht, aus dem Leben zu pressen, was nur möglich ist. Es heißt auch nicht, den Tod anzustarren und sich nicht mehr zu rühren.
Wenn ich morgen sterben müßte, was wollte ich heute noch tun und vielleicht in Ordnung bringen? Was immer das sein mag: Ich sollte jetzt beginnen, es zu tun und wichtig zu nehmen, ob ich nun morgen sterbe oder nicht.

111

Sein Tun und Lassen ständig überwachen. (4, 48)

Heute will ich ...
- auf mich achtgeben, ohne um mich zu kreisen,
- mich ernst nehmen, ohne mich zu wichtig zu nehmen,
- an mir arbeiten, ohne mich zu überfordern,
- behutsam mit mir sein, ohne empfindlich zu werden ...

... und Gott und seine heiligen Engel bitten, mich dabei zu behüten.

112

Davon überzeugt sein, daß Gott an jedem Ort auf uns schaut. (4, 49)

In der christlichen Tradition gibt es viele Bilder, die von der himmlischen Wirklichkeit sprechen, zum Beispiel das Festmahl oder den Chor. Ein Bild für das Ziel des Lebens, für das Ganz-bei-Gott-Sein ist das von der Anschauung Gottes. Jetzt sehen wir Seine Spuren, jetzt sehen wir Ihn wie durch einen Schleier. Wir leben schon mit Ihm, Er spricht schon zu uns. Aber wir schauen Ihn noch nicht unverhüllt, auch wenn wir in Seiner Gegenwart leben und gehalten sind. Und unsere Anschauung ist noch durch vieles gestört. Aber wie dem auch sei: Er schaut mich an, mit all dem und überall schaut Er mich an, bin ich in Seiner Anschauung. Darin liegt meine Zuversicht, und vorläufig ist das mein Glück, in Seiner Anschauung zu sein.

113

Böse Gedanken, die im Herzen aufsteigen, sogleich an Christus zerschmettern und dem geistlichen Vater mitteilen. (4 ,50)

Die Blätter an einem Baum werden von jedem Wind, der durch sie hindurchfährt, hin und her bewegt. Seit meinen Kindertagen schon lerne ich viel von Bäumen. Auch, daß ich als Mensch nicht wie die Blätter dem Wind all meinen Stimmungen, Gefühlen und Launen ausgeliefert bin und immerzu schwanken muß. Aber oft sind Menschen auch nicht so stabil wie ein Baumstamm, der einfach ruhig in allem stehen bleibt. Da ist es eine wirksame Hilfe, das, was ungut aufsteigt, mich umtreibt, schüttelt und beunruhigt, auszusprechen. Es bestenfalls bei einem Menschen auszusprechen, der diese und mehr Erfahrungen kennt. Und es dann Christus zu lassen, auf Ihn zu werfen – Er ist der Herrscher des Alls ... und gewiß auch all der stürmischen Winde.

114

Schlechtes und unanständiges Reden vermeiden.
(4, 51)

Wo immer ein Mensch sich aufhält, dort atmet er die Luft ein und mehr noch die Atmosphäre. Bestimmte Atmosphären muß ich vermeiden, wenn ich nicht Schaden nehmen will. Ich meine keine unchristliche Empfindlichkeit oder eine der heute weithin üblichen künstlichen Arten von Sterilität. Aber wer schlechte Filme sieht, füllt seine Seele mit diesen Bildern. Wer schlechte und unanständige Reden führt, verpestet das Klima draußen und behält das Echo davon im Inneren. Fahrlässigkeit auch auf diesen Gebieten ist nicht in Ordnung, mehr noch: immer lieblos, immer schädlich.
Ich bewege die Wörter im Herzen: meiden, vermeiden, nicht tun, nicht mittun, und nehme sie mit auf meinen Weg durch den Tag.

115

Das viele Reden nicht lieben. (4, 52)

Sondern gutes Reden üben. Es schlicht üben, wie wir auch anderes üben müssen: Schwimmen, Autofahren, Klavierspielen, Kochen zum Beispiel.

Zutaten des Viel-Redens, die die Anwesenden und Beteiligten an jedem Sprechen und Gespräch verderben, sind zum Beispiel:

– Reden, das sich in Szene setzt und in den Mittelpunkt spielt,

– Reden, das dem anderen keinen wirklichen Raum zum Reden läßt,

– Reden, das den anderen immer irgendwie überholen und überfahren muß ...

... und dergleichen mehr.

116

Leere oder zum Lachen reizende Worte nicht reden.
Lautes und schallendes Lachen nicht lieben.
(4, 53 + 54)

So, wie wir geschaffen sind, können wir nicht gesund Mensch sein ohne Innerlichkeit und Äußerlichkeit. Bloße Innerlichkeit taugt nicht zum Leben, bloße Äußerlichkeit wirft den Menschen ebenfalls aus der Balance, macht ihn krank.

Der eine kommt nicht aus sich heraus, der andere bringt etwas nicht über sich, wieder ein anderer hält es nicht bei sich aus und flieht ins laute Äußere, um sich von sich und der möglichen Leere dort abzulenken. Um letzteren Typ geht es hier. Mogeln wir uns nicht in die eigene Tasche, wenn wir ins Laute fliehen, mit der Äußerlichkeit flirten. Das ist immer ein Zeichen, daß wir irgendwo weggelaufen sind ...

Was dann tun? Nicht weiterlaufen, sondern anhalten, stehenbleiben, nicht weiterflirten.
Was dann tun? Nicht weiterlaufen, sondern anhalten, stehenbleiben, nicht weiterflirten.

117

Die heiligen Lesungen gerne hören. (4, 55)

Die meiste Zeit des Tages suche ich mir nicht aus, was ich höre. Ich höre dem zu, was man mir sagt, wovon einer sprechen will, und bin umgeben von all den Geräuschen einer Stadt – und ich glaube auch, es ist gut, sich nicht zu vieles selbst auszusuchen.

Aber jeden Tag gibt es auch Zeit, da entscheide ich selbst, was ich höre, lese, aufnehme. Was höre ich gerne, das heißt mit offenem, weitem, brennendem oder mindestens warmem Herzen? Höre ich gerne Gottes Wort? Heilige Texte?

Ich will das pflegen und mir eine Zeit nur dafür lassen. Ich will – egal, was ich sonst zu hören habe, damit in Berührung bleiben.

Sich oft zum Gebet niederwerfen. (4, 56)

Vielleicht werfen wir uns kaum zum Gebet nieder. Obwohl es ein Gewinn wäre, wenn die alte Gebetshaltung der Prostratio (des Sich-auf-den-Boden-Ausstreckens) wieder Gestalt und Ausdruck in unserem leibhaftigen, persönlichen Beten würde.
Aber fragen wir so: Drängt es mich oft zum Gebet?
Oder fragen wir so: Was drängt nicht zum Beten?
Übergehen wir nicht die leisen Bewegungen und Anregungen des Heiligen Geistes in uns, der in uns und all den Vorkommnissen jedes Tages beten und uns helfen will, daß wir die oft – oder sagen wir: mehr und öfter – durchbeten.

119

*Seine früheren Sünden unter Tränen und Seufzen
täglich im Gebet Gott bekennen. Diese Sünden in
Zukunft vermeiden. (4, 57 + 58)*

Das ist nicht nur so, was die Sünden angeht, aber da ist es eben auch so: Was wir nicht bekennen können, das können wir auch nicht vermeiden. Nicht immer wird es uns gelingen, das Ungute oder Sündhafte zu vermeiden, auch wo wir dazu stehen. Aber ohne daß wir das tun, irgendwie auch bekennend tun, wird es kaum gelingen.

In den Gesprächsrunden der Anonymen Alkoholiker, die für viele Betroffene so heilsam und segensreich geworden sind, fängt jeder Sprecher damit an: „Ich heiße Franz und bin Alkoholiker ..."

Es geht darum, in einer guten Weise nicht zu vergessen, was war, und dem immer wieder einen Raum zu geben. Das hat nichts Quälerisches, sondern ist ein wirksamer Schutz – selbst bei so gefährlichen Geschichten wie einer Suchtkrankheit.

120

Das Begehren des Fleisches nicht befriedigen. Den
Eigenwillen hassen. (4, 59 + 60)

Es scheint mir, daß viele Menschen nicht
einen einzigen eigenen Willen haben,
sondern viele, die in ihren Tendenzen und
Strebungen oft so kreuz und quer zueinander
stehen, daß sie kaum noch imstande sind,
sich zu konzentrieren und zu entscheiden.
All das Wollen, Verlangen, Wünschen, Seh-
nen und Begehren, das unseren Geist und
Sinn durchziehen kann wie die Autos die
Straßen einer Stadt zu Stoßverkehrszeiten, in
denen man manchmal kaum weiterkommt
oder sogar steckenbleibt, während doch alles
in mühsamem Betrieb zu sein scheint!
Die Weisung Benedikts ist klar: nicht nachgeben, nicht mitlaufen, nicht befriedigen. Am
besten, um im Bild des Verkehrs zu bleiben,
man versucht, bei sich zu Hause zu bleiben
und etwas ganz anderes zu machen, bis die
Stoßzeiten vorbei sind.

121

Dem Befehl des Abtes in allem gehorchen, auch wenn er selbst – was Gott verhüte – anders handelt: Man denke an das Gebot des Herrn: „Was sie sagen, das tut, was sie tun, das tut nicht." (Mt 23 ,3)/(4, 61)

Bin ich, wenn ich etwas mache, wenn ich etwas verstehe, davon abhängig, daß jene, die es mir sagten und die es mich lehrten, es auch tun? Das wären sinnlose Stolpersteine! Begrenzte, fehlerhafte Menschen haben mir nicht wenig gezeigt und beigebracht und aufgetragen. Und auch ich mit meinen Grenzen und Fehlern zeige anderen, was ich sehe und meine sagen zu müssen, und trage ihnen manches auf. Demut und Mut sind da angemessen.

Was ich tue, was ich verstehe ... ich will es um Gottes willen tun und so gut tun, wie ich kann.

122

Nicht heilig genannt werden wollen, bevor man es ist;
sondern es zuerst sein, um mit mehr Recht so genannt
zu werden. (4, 62)

Das ist immer gefährlich:
Wenn einer so tut, als ob
– eine Einsicht zu haben ersetzen könne, ihr
  entsprechend zu handeln.
– Glauben eine Sache des Verstehens und
  nicht der Menschwerdung sei.
– zu hören ersetzen könnte, zu gehorchen.
– die Meditation des Heiligen das langsame
  Heiligwerden ersetzen könnte.
Wer immer so tut, verpaßt das Mögliche, das
ihm von Gott her Ermöglichte.

123

Gottes Gebote täglich durch die Tat erfüllen. (4, 63)

Gottes Gebote sind nicht in die Luft gesagt, sondern zu wirklichen Menschen, ins wirkliche Leben mit allem, was das ausmacht. Und es geht nicht darum, über sie Bescheid zu wissen und sie irgendwie distanziert zu kennen, sondern sie leibhaftig zu tun, mit meinem Leben zu erfüllen.

Ein Weg, sich darauf in guter Weise einzulassen, kann sein, den täglichen Evangelienabschnitt, wie die Liturgie ihn für jeden Tag des Kirchenjahres vorgibt, zu lesen und als das Wort und Gebot Jesu an mich mit in den Tag zu nehmen, das ich empfange und annehme, und dann zu schauen, was ich am Abend davon noch weiß, vielleicht sogar besser weiß als am Morgen.

124

Die Keuschheit lieben. (4, 64)

Wohl habe ich gehört, daß dieses Wort früher arg strapaziert worden sei, erlebt habe ich das nicht mehr. Und darum kann ich unbefangen sagen: Wir können nur gewinnen, wenn wir entdecken, was dieses Wort meint, wenn wir liebgewinnen, was es bedeutet, und es auf weit mehr ausdehnen als auf den Bereich unserer Sexualität, die als einer unserer starken Liebeskräfte natürlich auch dazugehört.

Auch das Wort von der Scham kommt in unserem Sprachgebrauch fast nur noch in Negativverbindungen vor: beschämend und verschämt sein zum Beispiel.

Ich kann mich einmal neu fragen, was diese Wörter mir bedeuten. Ich kann auf die Wirklichkeit dieses Tages sehen, wo die Spuren dieser Wörter als Wirklichkeit vorkommen oder wo nicht. Und dann will ich mich immer dahin wenden, wo sie vorkommen.

125

Niemanden hassen. (4, 65)

Viele gute Werke bestehen darin, daß wir etwas tun (bekleiden, besuchen, trösten ...). Was uns weniger bewußt ist: Es gibt im Zwischenmenschlichen auch viele gute Werke, die im Nichttun bestehen. Auch das Nichttun-Können ist ein Instrument der guten Werke. In diesem und den folgenden Versen werden wir darauf verwiesen.

Was zum Beispiel soll ich tun, wenn in mir Haß aufkommt? Benedikt sagt hier: nicht hassen, niemanden hassen.

Ich will hinsehen und nachspüren, was mir beim Nichttun in diesem Sinn geholfen hat und hilft, und das, wo es akut wird, bewußt üben.

Nicht eifersüchtig sein. (4, 66)

Wieviel Energie im Menschen steckt, kann man manchmal sehen, wenn jemand eifersüchtig ist. Eifersucht ist erst einmal ja bloß Energie in uns, mit der wir auch etwas ganz anderes tun könnten, lieben zum Beispiel oder arbeiten. Eifersucht ist Schmerzenergie, die nicht die Kurve über sich selbst hinaus bekommt, auf sich selbst bezogen bleibt und irrtümlich meint, der Schmerz käme von außen in uns hinein. Aber der Schmerz ist innen. Was soll man tun? Vielleicht sich eine Weile zu dem Schmerz setzen, ihn „Schmerz" nennen und gelten lassen und Erbarmen mit sich darin haben. Erbarmen ist etwas ganz anderes als Selbstmitleid. Sie gehören nicht einmal zur gleichen Familie. Selbstmitleid ist immer Gift, besonders bei Eifersüchtigen greift es gerne zu und treibt sie in eine ganz ungesunde Richtung.

127

Nicht aus Neid handeln. (4, 67)

Das Handeln aus Neid unter Menschen hat eine lange dunkle Geschichtsspur gezogen. Kain tötete aus Neid seinen Bruder Abel. Im Gleichnis des Evangeliums gönnt der eine Arbeiter dem späteren Kollegen nicht den gleichen Lohn des guten Gottes. Im Schneewittchenmärchen erträgt die Königin nicht die größere Schönheit der Tochter und trachtet ihr giftig nach dem Leben. Benedikt sagt: Wenn da Neid ist, bloß nicht handeln, bloß nichts tun, nicht schlagen, nicht anklagen, nicht in den Wald gehen, um Schneewittchen zu suchen oder wen auch immer!

128

Den Streit nicht lieben. (4, 68)

Konflikte sind unvermeidlich, wenn Menschen zusammenleben. Konfliktfähigkeit und Streitkultur sind echte Werte. Konfliktscheu ist keine Tugend. Aber Streitlust ist etwas ganz anderes. Da wird oft eine Sache oder ein Thema als Vorwand benutzt, und hinter dieser Wand tummeln sich ganz andere Wirklichkeiten. Wer den Streit sucht und liebt, weicht dem Eigentlichen aus, flüchtet oft vom Dahinterliegenden ins Vorgeschobene. Welche Wirklichkeiten sind das, die dahinterliegen? Erschöpfung vielleicht oder Unzufriedenheit, Groll oder Unverstandensein, Selbstentfremdung, Unausgewogenheit. Es gäbe noch mehr, was sich anfügen ließe. Wie ist es bei mir mit dem Streiten, greife ich jeden Anlaß auf? Ich will mich Gott zuwenden und anvertrauen und ihn bitten, mir zu zeigen, was ich besser sehen soll.

129

Die Überheblichkeit fliehen. (4, 69)

Eine Frau erzählte, wie sie eines Abends nach einem schweren Tag an einem Rundgespräch teilnahm, in dem der erste Redner lang und breit und in einer Art und Weise über ein Thema sprach, daß sie empört war und überlegte, aufzustehen und zu gehen. Sie war sich aber darüber klar, daß wenn sie ginge, der Abend trotzdem äußerlich und innerlich verlorene Zeit wäre, und sie wäre unzufrieden damit. Darum blieb sie und entschied sich, in den zwei Stunden allen zuzuhören (nicht ihr Bejahen war ja an diesem Abend gefragt, sondern ihr Zuhören) ohne jede Überheblichkeit – denn die stand ihr nicht zu. Der Abend bestand fast nur aus dieser Übung, aber als die Zeit um war, hatte sie sich gelohnt, sie hatte etwas Wirkliches geübt und fuhr in Frieden heim.

130

Die Älteren ehren. (4, 70)

Zu den heutigen Schlagwörtern gehört das Wort „Generationenvertrag". Die Stärke der Generationen ist in bedenkliches Ungleichgewicht gekommen, der Vertrag kippt, das von ihm gehaltene soziale Netz hält der Belastung nicht mehr stand. Da besteht die Gefahr, daß der Blickwinkel eng wird, aus dem heraus man sich anschaut. Aber das reale Problem ist nie ein guter Ausgangspunkt, um einander anzuschauen und zu würdigen. Ohne den Wert des Altgewordenen und oft Altgedienten zu ehren und zu schätzen, wird aber auch der Wert des noch Jüngeren schnell verarmt und dünn geworden sein.

Lassen wir uns von keinem Problem gefangen nehmen, wir würden dabei nur verlieren.

131

Die Jüngeren lieben. (4, 71)

Äußerlich betrachtet scheinen die Jugendlichen und die Jugendlichkeit das Idealbild der Gesellschaft. Aber was da vermittelt wird, ist ein unechtes Ideal, es hält nicht stand und hält nichts aus.
Tatsächlich haben viele Jugendliche hier heute Angst vor Überforderung, Perspektivenmangel, Entscheidungen, Erwachsensein. Erklärungen helfen auch nicht weiter. Lieben hilft weiter.
Die Jüngeren willkommen heißen in ihrem Anderssein (ihrer je neuen Umgangsweise mit den alten, bleibenden Fragen), Beziehung wagen, ohne gegenseitige Angleichung zu fordern, ihr Suchen bejahen, ihr Versuchen ermutigen, ihr Können erfragen, ihre Verantwortung erwarten und liebevoll wissen, daß alles Zeit braucht, daß wir alle Zeit brauchen.

132

Aus der Liebe zu Christus für die Feinde beten. (4, 72)

Gebet heißt nicht, die Dinge schönreden. Gebet heißt nicht, mich vor Gott ins Recht setzen. Gebet heißt, mich hinhalten in Gottes Gegenwart. Gebet heißt, Gott ans Herz legen, was ich mir zu Herzen genommen habe, was mir zu Herzen ging.

In dieses Gebet will ich auch die Feinde und Bedrohlichen hineinnehmen.

Ich bete für jemanden, der mir übelgesinnt ist, und lege ihn Christus ans Herz.

Ich bete für jemanden, mit dem ich mich überworfen habe, und lege ihn Christus ans Herz.

Ich bete für jemanden, der mich hintergangen hat, und lege ihn Christus ans Herz.

133

Bei einem Zwist noch vor Sonnenuntergang wieder Frieden schließen. (4, 73)

Machen wir uns nichts vor: Wir haben nicht unendlich viel Zeit und wissen alle nicht, wieviel Zeit uns noch bleibt. Verschieben wir nicht die Schritte zum Frieden auf irgendwann. Benedikt sagt, wir sollen sie nicht einmal auf morgen verschieben. Einmal, weil wir nicht wissen, wieviel Zeit wir noch haben. Und dann auch deshalb, weil das, was in uns unaufgeräumt und unversöhnt bleibt, sich in uns eingräbt und einnistet – viel mehr, als wir das bewußt merken.

Üben wir heute! Gehen wir mindestens einen Schritt auf dem Weg des Friedens. Gehen wir diesen Schritt immer so bald wie möglich, heute. Es kann aber auch sein, daß da noch etwas liegengeblieben ist. Lassen wir es nicht liegen! Gehen wir unseren Schritt heute.

134

Und an Gottes Barmherzigkeit nie verzweifeln. (4, 74)

Es war zum Verzweifeln: Jemand hatte von einem furchtbaren Unrecht erfahren, das vor Jahrzehnten geschehen war, Leben getötet und gebrandmarkt hatte. Tagelang rang dieser Mensch nur und wagte nicht zu beten, weil er instinktiv spürte, daß dann auch der Schuldiggewordene irgendwie mit drin in dem Beten wäre. Das war ihm zu riskant. Denn, so ahnte er, wenn er es wagte, ihn im Gebet Gott zu überlassen, wäre es möglich, daß auch er irgendeinen Raum in Gottes Barmherzigkeit bekäme. Das wollte er auf keinen Fall.

Das ist erschütternd: daß man an der Unbarmherzigkeit der Menschen verzweifeln könnte, aber auch an der Barmherzigkeit Gottes. Eines Abends war der Kampf durchgerungen, und er konnte ihn Gott überlassen und beginnen, eigene Vergeltungswünsche loszulassen. Ob die Gnade den Schuldiggewordenen fand, kann ich nicht sehen. Aber die Barmherzigkeit Gottes fand den, der ihn Gott überließ.

135

Seht, das sind die Werkzeuge der geistlichen Kunst.
(4, 75)

Viele Werkzeuge packte Benedikt da zusammen und reichte sie weiter. Aber natürlich taugt nicht jedes für alles. Wer mit einem Hammer sägen oder mit einer Säge bohren wollte – um bei einfachen Beispielen zu bleiben –, käme nicht weit mit der Arbeit. Und wer alle zugleich in die Hand nehmen oder auch nur mit mehreren auf einmal herumhantieren wollte, würde nichts zustande bringen, auch wenn alle Werkzeuge an sich erstklassig wären. Wir müssen unterscheiden und das jetzt Angemessenste finden und das dann nicht nur anschauen, sondern beginnen und eine Weile damit schlicht und einfach arbeiten.

136

Wenn wir Tag und Nacht unermüdlich mit ihnen arbeiten und sie am Tag des Gerichts wieder abgeben ...
(4, 76)

All das Gute und Wahre und Weise, das in den Versen dieses Kapitels gesammelt ist, will mir helfen, meine Arbeit zu tun, mit meinen Aufgaben zurechtzukommen. Benedikt sagt, wir sollen unermüdlich damit arbeiten, aber nie aus dem Sinn verlieren, daß es Werkzeuge sind. Sie sind vorläufig sehr wichtig, aber sie sind nicht das Ziel. Irgendwann können wir sie wieder abgeben (am Tag des Gerichts, sagt Benedikt) und werden nicht mehr an sie denken. Das große Ziel ist keine Arbeit, keine Tugend, kein gutes Werk. Das große Ziel ist Gott selbst und Gott allein. Wenn das große Ziel im Herzen lebendig bleibt, werde ich jetzt gute und vorläufige Arbeit tun können.

137

... wird der Herr uns den Lohn ausbezahlen, den er selbst versprochen hat: „Was kein Auge gesehen und kein Ohr gehört hat, was aber Gott denen bereitet hat, die ihn lieben." (1 Kor 2, 9)/(4, 76 + 77)

Nicht den Ruhestand oder einen schönen Lebensabend, auch nicht den Untergang oder das Verlöschen im Nichts erwarten wir. Nein, sondern wir erhoffen die Erfüllung einer Verheißung, die uns ins Herz gelegt ist, Auferstehung, ewiges Leben, den ganzen Himmel, ohne zu wissen, was und wie das denn aussehen wird. Wir hörten nur einen Ruf, der tiefer geht als alle Stimmen sonst, und nahmen eine Witterung mit der Nase auf.

Wir werden sehen.

Versprochen ist versprochen.

Muß ich denn jetzt mehr wissen?

138

Die Werkstatt aber ... ist die Abgeschlossenheit des Klosters ... (4, 78)

Nicht Bunker oder Asyl, sagt er,
nicht Stall oder Tanzsaal, sagt er,
nicht Theater oder Sauna, sagt er,
nicht Schlafzimmer, nicht Hafen, nicht Parkplatz, sagt er,
sondern er sagt: Werkstatt.

Das Kloster ist eine Werkstatt, in der eine Arbeit getan und Elemente für den Aufbau des Reiches Gottes vorgefertigt werden.

139

*Die Werkstatt aber, in der wir das alles gewissenhaft
üben sollen, ist die Abgeschlossenheit des Klosters und
das treue Ausharren in der Gemeinschaft. (4, 78)*

Ein bißchen von allem geht nicht weit genug. Eine Weile dranbleiben hält nicht
lang genug. Eine Speise, die Kraft geben soll,
kann nicht nur aus Gewürz und Zutat bestehen, da gehören Grundstoffe dazu. Der
selbstgemachte Mix aus ausgewählten Inspi-
rationen reicht meist weder zum Leben noch
zum Sterben.

Aber ich habe Menschen leuchten gesehen,
die dem Ruf folgten (den sie zuvor mit ihrem
ganzen Herzen gehört und aufgenommen
hatten) und im Bleiben ganz weit gegangen
waren. Menschen, die die ganze Alltäglichkeit
und irgendeinen Dienst annehmen konnten,
ohne darin auf- und unterzugehen, die mit
beiden Füßen auf der Erde standen und doch
wußten, daß der Himmel offen war, weil sie
das hin und wieder gesehen hatten. – Seit ich
sie sah, weiß ich, was Treue ist. Seitdem lerne ich sie – nicht immer leicht, aber zuinnerst
begeistert.

140

Die höchste Stufe der Demut ist der Gehorsam ohne Zögern. (5, 1)

Gehorsam und Demut sind für Benedikt untrennbar miteinander verbunden. Hören, was im Raum klingt, was gesagt wird, in einer Offenheit ohne Zögern, in einer Selbsteinschätzung ohne Aufblähung oder Verkrümmung, und dabei fähig und willens sein, die Beziehungen einzugehen, die gefragt sind, und tun, was gefragt ist.
Wie geht es mir mit meinem Hören? Ist mein Hören und Gehorchen noch lebendig? Was kann ich tun, daß das besser gelingt?

141

Er zeichnet die aus, denen die Liebe zu Christus über alles geht. (5, 2)

Der Gehorsam, um den es Benedikt geht, wächst aus der Christusliebe, der Verbundenheit mit Christus, dem Vertrauen in Christus. Hat bei mir, wenn ich denn gehorsam bin, der Gehorsam etwas mit Christus zu tun? Ist Christus dann „bei mir"? Wie und worin wäre mein Gehorsam anders, wenn das so wäre oder wenn meine Christusbezogenheit stärker würde?

*Wegen des heiligen Dienstes, den sie gelobt haben,
oder aus Furcht vor der Hölle oder wegen der Herrlichkeit des ewigen Lebens gibt es für sie kein Zögern,
sobald der Obere etwas befohlen hat; sie führen es
aus, als hätte Gott selbst es befohlen. (5, 3 + 4)*

Ich gehorchte. – Wem? Warum?
Ich gehorche. – Wem? Warum?
Ich werde gehorchen. – Wem? Warum?

143

Von diesen sagt der Herr: Sobald er mich hört, ge-
horcht er mir. (Psalm 18, 45). Ebenso sagt er zu den
Lehrern: Wer Euch hört, der hört mich.
(Lk 10, 16)/(5, 5 + 6)

Ich lasse es mir gefallen, daß es Gott gefällt, durch die anderen zu mir zu sprechen und mich herauszurufen über mich hinaus und mich so alltäglich zu lehren. Im Hören lerne ich, mehr und mehr Gottes Stimme zu vernehmen und zu unterscheiden. Und ich diene ihm, indem ich die, die mir begegnen, immer besser zu sehen und zu hören lerne.

144

*Solche Mönche verzichten sofort auf ihre persönlichen
Interessen, geben den Eigenwillen auf, legen gleich
alles aus der Hand, lassen ihre Arbeit unvollendet
liegen, und mit dem raschen Schritt des Gehorsams
kommen sie durch die Tat dem Wort des Befehlenden
nach. (5, 7 + 8)*

Gehorsam ist die geistliche Übung, den
Eigenwillen aufzugeben, der sich leicht
als Lenker in den Wagen setzt und starke
Vorstellungen von vielen kleinen vollende-
ten Dingen und Taten hat. Gehorsam bricht
meine eigenen Kreise auf (besonders mein
Kreisen um mich selbst und meine eigenen
Vorstellungen), öffnet mich für das Eingehen
auf die anderen und öffnet mein Unvollende-
tes für ganz andere Vollendungen.

145

So ist es bei denen, die vom Verlangen gedrängt sind,
zum ewigen Leben voranzuschreiten. Deshalb wählen
sie den schmalen Weg, von dem der Herr sagt: Schmal
ist der Weg, der zum Leben führt.
(Mt 7, 14)/(5, 10 + 11)

Gehorsam geht nicht, ohne daß ich ihn will und mich dafür entscheide. Ich gebe nicht jedem Verlangen nach, sondern übe mich ein in eine entschiedene Feinfühligkeit für das Verlangen, das mich drängt, zum ewigen, vollen Leben in Gott voranzuschreiten. Von dieser Offenheit gegenüber Gott und seinem Weg in allen Situationen soll mich gar nichts abbringen.

146

Sie leben nicht nach eigenem Gutdünken, folgen nicht ihrer Lust und Laune, sondern leben nach dem Entscheid und Befehl eines anderen. (5, 12a)

Es gibt sehr verschiedene Gründe, aus denen heraus Menschen von klein auf bis ins Alter gehorchen oder sich verschließen. Ich nehme mir Zeit, um hinzusehen, welches da bei mir – für das eine wie für das andere – die geläufigsten Gründe sind.

147

Offenbar sind sie es, die den Herrn nachahmen und sich nach seinem Wort richten: Ich bin nicht gekommen, um meinen Willen zu tun, sondern den Willen dessen, der mich gesandt hat. (Joh 6, 38)/(5, 13)

Ich darf gehorchen. – Wem? Warum?
Ich darf nicht gehorchen. – Wem? Warum?
Ich will gehorchen. – Wem? Warum?

148

Dieser Gehorsam ist Gott aber nur dann wohlgefäl-
lig und den Menschen angenehm, wenn der Befehl
nicht zaghaft, nicht säumig, nicht lustlos oder gar mit
Murren oder offener Widerrede ausgeführt wird; denn
der Gehorsam, den man den Oberen leistet, wird Gott
erwiesen; er hat ja gesagt: „Wer Euch hört, hört mich.“
(Lk 10, 16) Der Gehorsam muß von den Jüngern auch
gerne geleistet werden; denn Gott liebt einen freudigen
Geber. (2 Kor 9, 7) Wenn aber der Jünger mißmutig
gehorcht, wenn er murrt, nicht nur mit dem Mund,
sondern auch im Herzen, dann findet er kein Gefallen
vor Gott, selbst wenn er den Befehl ausführt; denn
Gott sieht das murrende Herz. (5, 14-18)

Es gibt sehr verschiedene Weisen, zu gehorchen. Man kann fixiert sein oder auch
gedankenlos, man kann frei sein oder hörig
oder bloß funktionieren. Welche Weisen
kenne ich von mir? Welche war – im nach-
hinein und Nachgeschmack – die beste, die
ich bisher kenne? Warum war das wohl so?
Wenn ich das wahrnehme, worauf will ich in
diesen Tagen achten?

149

Die Schweigsamkeit. Wir wollen tun, was der Prophet sagt: „Ich sagte: Ich will auf meine Wege achten, damit ich nicht sündige mit meiner Zunge. Ich stellte an meinen Mund eine Wache. Ich verstummte, verdemütigte mich und schwieg vom Guten."
(Vgl. Ps 39, 2-3)/(6, 1)

Ohne Sinn für die Schweigsamkeit und die innere Bewegung, die im Schweigen frei werden kann, kann kein spirituelles Leben wachsen und reifen. Wenn der Mund und unser Reden eine der wichtigsten Türen zur Welt sind, so darf das Herz nicht in der offenen Tür stehen oder sitzen, wenn der Mensch betend und geistlich leben will.

150

Hier gibt der Prophet zu verstehen, daß man der Schweigsamkeit zuliebe bisweilen sogar von guter Rede lassen soll; um so mehr muß man dann wegen der Sündenstrafe das böse Reden vermeiden. (6, 2)

Noch entscheidender als das Schweigen an sich ist die Art, in der ein Mensch schweigt. Ist mein Schweigen ...

– eher Freiheit oder Zwang,
– eher eine Fähigkeit oder ein Verstummt-sein,
– eher eine Offenheit, Aufmerksamkeit oder eine Verschlossenheit,
– eher ein Ruheplatz oder ein Gefängnis,
– eher liebevoll oder eher lieblos?

151

Es steht ja geschrieben: Beim vielen Reden entgehst Du der Sünde nicht. (Spr 10, 19) Und an anderer Stelle: Tod und Leben sind in der Gewalt der Zunge. (Spr 8 ,21)/(6, 4 + 5)

Der innere Lärm, das innere Gerede kann erschlagen. Vermutlich flüchten viele vor diesem inneren Lärm in die Ablenkung der äußeren Geräuschkulissen und lassen sich lieber davon berieseln. Aber wenn man geistlich reifen will, muß man in der Stube des inneren Getöses bleiben und aushalten und gerade dort langsam zur Ruhe kommen, still und ehrlich in Gottes Gegenwart sitzenbleiben, bis diese Stimmen sich sanft legen und das Herz allmählich gereinigt und gestillt wird.

152

Denn Reden und Lehren kommen dem Meister zu,
Schweigen und Hören sind Sache des Jüngers. (6, 7)

Schweigen und Sprechen gehören in benediktinischer Sicht zusammen. Tatsächlich
wird auch die Weise, in der ich spreche, ein
Echo sein auf die Art, in der ich schweige. Ich
sehe auf die vergangenen Tage, wie da mein
Schweigen war, wie da mein Reden war. Ich
suche im Blick darauf einen Punkt, an dem
ich vielleicht still arbeiten sollte, damit Aufmerksamkeit und Ehrfurcht, das Hören auf
Gott und Menschen so gefördert werden.

Die göttliche Schrift ruft uns zu: Jeder, der sich erhöht, wird erniedrigt, und wer sich erniedrigt, wird erhöht werden. (Lk 14, 11;18, 14; Mt 23, 12) Mit diesen Worten zeigt uns die Schrift, daß jede Erhöhung eine Art Stolz ist. Davor hütet sich der Prophet, wie seine Worte zeigen: Herr, mein Herz ist nicht stolz, meine Augen blicken nicht überheblich ... (Ps 131)/(7, 1-3)

Hier beginnen wir das zentrale Kapitel der Spiritualität in der Regel Benedikts: die Demut. Ein Wort, das für viele Menschen spontan einen negativen Beigeschmack hat. Aber es lohnt sich, das Wort und seine Wahrheit von diesem Beigeschmack zu reinigen und zu befreien ... Nähern wir uns dem.
Bin ich stolz? Wie bin ich stolz?
Wie sehe ich in die Welt und das Gesicht anderer Menschen? Blicke ich überheblich? Warum?
Wie blicke ich in den Spiegel und stehe mir selbst gegenüber? Wie sehe ich mich selbst und meine Wahrheit? Bin ich ehrlich und wahrhaftig?

Aber was geschieht, wenn meine innere Haltung nicht demütig ist, wenn ich meine Seele stolz werden lasse? Dann behandelst Du meine Seele, wie man ein Kind behandelt, das man gewaltsam von der Mutterbrust wegnimmt. (Vgl. Ps 131, 2)/(7, 4)

Wenn man einem kleinen Kind nicht gibt, was es braucht an Mutterbrust, Nahrung, Wärme, Zuwendung, dann kann es nicht gedeihen. Denn es ist klein und angewiesen und kann seinen Platz im Weltganzen nicht ohne Verbindung zur Mutter, zum Vater finden und sich gesund entwickeln. Eine demütige Gottverbundenheit, die ihre Angewiesenheit unbefangen lebt, hat im spirituellen Leben eine ähnliche Bedeutung. Wenn ich mich davon trenne, entziehe ich mir selbst den Boden, der Halt und Nahrung auch für mich bereit hält und über den der Weg führt, den ich gehen kann.

Wenn ich nun andererseits darauf sehe, welche Gründe es sind, aus denen heraus ich meine Seele stolz werden lasse ...

Wir müssen durch unseren Aufstieg in der Tugend jene Leiter errichten, die dem Jakob im Traum erschien und auf der er Engel herab- und heraufsteigen sah. (Vgl. Gen 28, 12) Dieses Herab- und Heraufsteigen hat für uns ganz sicher keinen anderen Sinn, als daß man durch Erhöhung herab- und durch Erniedrigung heraufsteigt. Die aufgerichtete Leiter ist unser irdisches Leben ... Die Holme der Leiter deuten auf unseren Leib und unsere Seele. In diese Holme fügte der göttliche Gnadenruf die verschiedenen Stufen der Demut und der Tugend ein, die wir ersteigen sollen. (7, 6-9)

Das Bild der Leiter, ausgehend vom Traum des Patriarchen Jakob im alttestamentlichen Buch Genesis, ist in der Tradition ein Bild für den Aufstieg im geistlichen Leben geworden. Für Benedikt ist das Leben die Leiter, durch die wir mit Leib und Seele, unserem ganzen Menschsein auf der Erde stehen und zum Himmel ausgerichtet sind. Das Leben des Menschen ist nicht ein Zustand, sondern ein Weg, den wir gehen und lernen. Wir lernen bei allem Hinauf und Hinunter keine spirituelle Technik, wir lernen ein spirituelles Leben. Auf weiten Strecken suchen wir uns dabei die Dinge nicht aus, die geschehen. Aber wir selbst setzen die Akzente, wir selbst sind es, die die Wahl treffen – immer wieder – und reagieren.

*Auf der ersten Stufe der Demut hält sich der Mensch
immer die Gottesfurcht vor Augen und hütet sich sehr,
sie zu vergessen. (7, 10)*

„Mysterium tremendum", das Geheimnis des Erschreckens, des Zitterns
gehört zu den Grundphänomenen des Religiösen überhaupt. (Erst das mysterium tremendum, dann das mysterium fascinosum
...) Es west dort, wo der Mensch des Heiligen
gewahr wird und sich ihm öffnet. Das Heilige ist immer erschütternd, es erschüttert in
seinem Anderssein alles, was wir kennen und
uns denken oder vorstellen können. Gottesfurcht ist die Antwort des Menschen auf das
gewahrgewordene Heilige.

157

Es soll ihm bewußt sein: Gott schaut immer vom
Himmel auf ihn herab ... Unsere Gedanken liegen
stets offen vor Gott; der Prophet sagt: „Gott prüft Herz
und Nieren." (Ps 7, 10) Und: „Der Herr kennt die
Gedanken der Menschen." (Ps 94, 11) Und er sagt
auch: „Du durchschaust meine Gedanken von fern."
(Ps 139, 3)/(7, 13-16)

Das Heilige, der lebendige Gott ist immer gegenwärtig. Wir leben und gehen in seiner Gegenwart, und auch wenn wir die Augen schließen, geschieht das in seiner Gegenwart. Seine Gegenwart ist keine distanzierte, sondern eine, in der ich wahrgenommen und angeschaut werde, sie ist eine durchblickende und durchdringende Gegenwart. Sie durchdringt alles, aber sie tut nirgends Gewalt an, denn Er, der gegenwärtig ist, ist unser Schöpfer, Erlöser und „Liebhaber" des Lebens.
Ich öffne mich Seiner Gegenwart – soll Er kommen und da sein, wie Er will! –, wende meinen Blick untertags immer wieder Seiner Gegenwart zu, „wandle in Gottes Gegenwart", wie es in der Tradition heißt, und werde dadurch gewandelt ... nach und nach.

158

Den eigenen Willen zu tun, verwehrt uns die Schrift,
wenn sie sagt: Wende Dich ab von den Regungen
Deines eigenen Willens! (Eccli 18, 39) Auch flehen wir
zu Gott im Gebet, daß sein Wille an uns geschehe.
(Mt 6, 10)/(7, 19-20)

Der Eigenwille wird oft als Gegensatz zu Gottes Willen angesehen. Das ist auch oft der Fall, zumindest lenkt er uns leicht ab und sammelt und bindet die Energien und Kräfte auf seinem kleinen Acker. Wo immer der eigene Wille in einen merklichen Gegensatz zu Gottes Willen kommt, will ich bemüht sein, Gottes Willen den Vorzug zu geben. Aber ausreißen oder amputieren werde ich den Eigenwillen nie. Er hat sein gottgewolltes Gutes, ist unverzichtbar, macht uns fähig zu Leidenschaft und Aufbruch, zu Disziplin und Treue und vielem mehr.
Es ist wie bei einem starken Motor, dessen Sinn nicht ist, mich zum Raser zu machen, indem ich ihn voll ausfahre, sondern mit dessen Hilfe und guter Lenkung ich weit fahren kann – fahren kann, wohin ich soll.

159

Auf der zweiten Stufe der Demut liebt der Mönch
seinen eigenen Willen nicht und findet keinen Gefallen
daran, seine Wünsche zu erfüllen, sondern richtet sich
in seinem Tun nach dem Wort des Herrn, der sagt: „Ich
bin nicht gekommen, um meinen Willen zu tun, sondern
den Willen dessen, der mich gesandt hat." (Joh 6, 38)
Ebenso heißt es in der Schrift: Eigenwille bringt Strafe,
Gebundenheit erwirbt die Krone. (7, 31-33)

Ich kenne einige Menschen, die einen starken und vitalen eigenen Willen haben, aber
sie müssen nicht zwangsläufig nach ihm handeln oder ihn gar durchsetzen. Sie haben gelernt, auf das zu hören, was gefordert wird
und gefragt und nötig ist, und Gott zum Zuge
kommen zu lassen in dem, was er ihnen in
Tag und Leben schickt. Sie wurden so frei ...
Aber vielleicht sollte auch das gesagt werden,
um eine gefährliche Verwechslung zu vermeiden: Was man nicht hat, kann man auch
nicht hintenansetzen, was man nicht wollen kann und als eigenen Willen nicht kennt,
darauf kann man auch nicht in guter Weise
verzichten. Das Zweite geht nicht vor dem
Ersten.

160

Auf der dritten Stufe der Demut unterwirft sich der Mönch seinem Oberen aus Liebe zu Gott in vollkommenem Gehorsam. So ahmt er den Herrn nach, von dem der Apostel sagt: Er war gehorsam bis zum Tod. (Phil 2, 8)/(7, 34)

Kann ich mir von Menschen etwas sagen lassen, die etwas und mir etwas zu sagen haben, und es einfach tun und mich dem einfach ein- und unterordnen? Man könnte, um darin in guter Weise zu wachsen, üben, sich mindestens einmal an jedem Tag etwas sagen zu lassen. Aber Unterwerfung ist ganz und gar nicht Unterwürfigkeit. Kenne ich den Unterschied aus dem inneren Gespür? Wenn ich Gehorsam und Unterordnung immer besser leben will, muß ich gleichzeitig lernen, die Freiheit immer besser zu leben. An Christus kann ich sehen, wie das geht und wie weit das gehen kann.

161

Auf der vierten Stufe der Demut übt der Mönch den Gehorsam in der Weise, daß er auch bei harten Aufträgen und solchen, die ihm zuwider sind, still bleibt und bewußt die Geduld umarmt. Er erträgt alles, ohne sich entmutigen zu lassen oder wegzulaufen; denn er denkt an das Wort der Schrift: Wer bis zum Ende standhaft bleibt, der wird gerettet (Mt 10, 22), und an das andere Wort: Hab festen Mut, und ertrage den Herrn. (Ps 27, 14)/(7, 35-37)

Was mache ich denn normalerweise, wenn ich in Widrigkeiten gerate, wenn es hart kommt? Bin ich leicht zu entmutigen? Finde ich durch zur Geduld, wenigstens zu immer neuen Anfängen von Geduld mit mir, dem Leben und Gott, der mich genau durch all das hindurch (nicht daran vorbei) retten und darin etwas lehren will? Benedikt spricht davon, daß der Mensch bewußt und schweigend die Geduld umarmen soll. Ich muß Geduld nicht „können", ich kann sie aber „in die Arme nehmen" und sie halten und mich an ihr halten. Das ist ein Weg, um mit Gott – der im Sturm im stillen verharrt – in Berührung zu bleiben und im Harten und Ungerechten stehenbleiben zu können.

Doch all das überwinden wir durch den, der uns ge-
liebt hat. (Röm 8, 37) Und anderswo sagt die Schrift:
Gott, Du hast uns geprüft, Du hast uns im Feuer
geläutert, wie man Silber im Feuer läutert ...
(Ps 66, 10 + 11)/(7, 39 + 40)

Nicht meine Stärke läßt mich das Schwere
bestehen, sondern das Wissen, daß ich
geliebt bin. – Manchmal muß man durch Prü-
fungen gehen, innere und äußere Wetter und
Bedrängnis, manchmal geht es heiß her. Hin-
durchfinden wird nicht die Stärke, sondern
die Geduld und das Sich-geliebt-Wissen und
Haltenlassen. Das aber hilft, selbst durchzu-
halten.
Wie der hl. Christopherus, als er lange Menschen über den Fluß trug, um Gott irgendwie
mit seiner Kraft zu dienen, eines Nachts das
Kind rufen hörte. Er nahm es auf den Arm,
stieg in den Fluß, dessen Wasser anschwoll,
das Kind wurde immer schwerer, wog wie die
ganze Welt. Nie war Christus dem Christopherus näher als da. Ohne es zu wissen, trug
er den durch, der alle Welt hält und trägt.

163

Auf der fünften Stufe der Demut bekennt der Mönch
seinem Abt demütig und ohne etwas zu verbergen
alle bösen Gedanken, die in seinem Herzen aufstei-
gen, und alles Böse, das er heimlich getan hat. Dazu
mahnt uns die Schrift mit den Worten: Offenbare dem
Herrn deinen Weg, und vertraue ihm! (Ps 37, 5) Sie
sagt auch: Bekennt dem Herrn, denn er ist gütig, denn
ewig währt sein Erbarmen. (Ps 106, 1; Ps 118, 1) Und
der Prophet sagt: Ich bekannte Dir meine Sünde, und
mein Unrecht verhehlte ich Dir nicht. Ich sagte: Ich
will mich anklagen und vor dem Herrn mein Unrecht
gestehen. Da hast Du alle Schuld meines Herzens
verziehen. (Ps 31, 5)/(7, 44-48)

Der spirituelle Weg, den Benedikt aufzeigt,
will Personwerdung ohne Ausklamme-
rung der persönlichen Abgründe. Personwerdung immer, aber Alleingang nie. (Das ist
eine Schule für den Dienst des Herrn.)
Hier werden zwei Koordinaten gegeben,
zwischen denen dies geschehen kann – wo-
bei Himmel und Erde nicht getrennt werden:
Transparenz und Vertrauen oder mit anderen
Worten: Bekenntnis und Erbarmen.

Auf der sechsten Stufe der Demut ist der Mönch mit
dem Allergeringsten und Schlechtesten zufrieden, und
bei jedem Auftrag, den er erhält, betrachtet er sich als
schlechten und untauglichen Arbeiter. Er sagt sich mit
dem Propheten: Ich bin zunichte geworden und war
ohne Verstand. Wie ein dummes Tier bin ich vor Dir.
Und doch bleibe ich stets bei Dir.
(Ps 73, 22-23)/(7, 49 + 50)

Das Maß der Zufriedenheit, zu der wir
finden können, hängt mit dem Maß zusammen, in dem wir unsere eigene Wahrheit
und Wirklichkeit unbeschönigt annehmen
und gelten lassen, uns von allem persönlichen
Unechten bereitwillig läutern lassen und dabei immer tiefer, fundamentaler zu beten lernen: „Und doch bin ich immer bei dir."
Die Zufriedenheit liegt nicht außen, nicht
in dem, was da ist, nicht in dem, was fehlt.
Sie kommt nur und ganz von innen. Und
man muß sie wollen. Nicht nur wollen als
Zustand, sondern auch wollen als ehrlichen
Weg.

Auf der siebten Stufe der Demut bekennt sich der Mönch nicht nur mit Worten als den Niedrigsten und Geringsten von allen, sondern ist auch davon im innersten Herzensgrund überzeugt. Er demütigt sich und sagt mit dem Propheten: „Ich bin ein Wurm und kein Mensch, der Leute Spott, vom Volk verachtet." (Ps 22, 7) Und wieder: „Ich habe mich erhoben, da wurde ich erniedrigt und beschämt." (Ps 87, 16) Und wieder: „Es war gut für mich, daß Du mich gedemütigt hast. So lernte ich Deine Gebote." (Ps 119, 71)/(7, 51-54)

Bin ich einer jener Menschen, die den Tiefpunkt ihres Lebens erlebten und lebten? Die wenigsten gingen freiwillig dorthin, es hat fast immer etwas Notgedrungenes. Es heißt, den Punkt zu bestehen, an dem alle Illusionen zerplatzt sind, alles Unechte restlos verschlissen ist, die Hoffnungen, die ich mir machte – auf mich selbst und das Leben insgesamt –, zerbrochen sind wie zu dünnes Eis, das nichts und niemanden mehr trägt. Wer das erlebt und dem nicht ausweicht, wer dort „ja" zum Leben und zu Gott sagt, der mitten darin ist, der wird unterhalb der Abgründe auf festen Grund und Boden stoßen und in dieser Wildnis Früchte wachsen sehen und ernten. Er wird den Zugang finden zu einer Kraftquelle, die von Gott her dort auf ihn gewartet hat, die ihn in der gleichen Haut und als denselben Menschen ganz anders im Leben weitergehen und weit gehen läßt.

Auf der achten Stufe der Demut tut der Mönch nur das, wozu ihn die gemeinsame Regel des Klosters und das Beispiel der Älteren mahnen. (7, 55)

Es gibt eine Anpassung, die ungesund ist. Es gibt eine Nichtanpassung, die ungesund ist.

Der Mensch, den Benedikt beschreibt, übte inzwischen, vor Gott und den Menschen zu seiner eigenen, ganz unverwechselbaren Person zu stehen. Darum ist das erste für ihn keine große Gefahr mehr. Aber nun wird ihm gesagt: Geh Deinen Weg weiter im Nicht-Besonderen. Du brauchst nicht „besonders" zu sein, es tut Dir gut, das Besondere nicht zu suchen. Denn der Schatz liegt im Acker (das ist der Alltag, das Übliche) verborgen.

167

Auf der neunten Stufe der Demut hält der Mönch
seine Zunge vom Reden zurück, bleibt still und redet
nicht, bis er gefragt wird. Lehrt doch die Schrift, daß
man beim vielen Reden der Sünde nicht entgeht
(Ps 34, 14) und daß der Schwätzer auf der Erde keine
Richtung hat. (Spr 10, 19)/(7, 56-58)

Wie ist das bei mir? Bin ich schnell und
allerorts zu reden bereit (ohne dabei
viel zu sagen)? Dann kann ich mit diesem
Vers gut üben und weitergehen. Üben, wach
präsent zu sein, wo ich bin – aber ohne Gerede –, aufmerksam zu sein, damit ich spüre,
wenn etwas von mir gefragt ist, wenn ich gefragt bin, und so wach zu sein, daß ich dann
reagieren kann, meine Antwort weiß und geben kann.

168

Auf der zehnten Stufe der Demut ist der Mönch nicht leicht zum Lachen bereit, weil geschrieben steht: „Nur der Tor bricht in schallendes Gelächter aus."
(Eccli 21, 23)/(7, 59)

Jede Woche beten die Bewohner in Benedikts Kloster das ganze Buch der Psalmen mit all dem darin auch enthaltenen Jauchzen und Loben. Aber dieses Jauchzen ist ganz anders als das Lachen eines Menschen, der bereit ist, über alles zu lachen. Menschen mit dieser Art von schnellem Lachen sind entweder leicht oberflächlich oder lachen oft auf Kosten von anderen. Beides geht nicht und tut nicht gut, wenn Menschen ein spirituelles Leben führen wollen.

169

Auf der elften Stufe der Demut spricht der Mönch,
wenn er redet, freundlich und ohne zu lachen, beschei-
den und gesetzt; er sagt wenige und überlegte Worte
und macht kein Geschrei, wie es in einer Schrift heißt:
Den Weisen erkennt man an der Kürze der Rede.
(7, 60-61)

Benedikt will nicht, daß uns Freude und Lachen vergehen. Er will, daß wir zu einer existentiellen Freundlichkeit finden. Damit verträgt sich das Laute und Polternde und Unüberlegte nicht. Echte Freundlichkeit hat immer etwas Stilles und schlichte, manchmal auch sparsame Gesten. Ich denke an Menschen, die so sind, schaue auf sie und danke für sie.

*Auf der zwölften Stufe der Demut ist der Mönch nicht
nur im Herzen demütig; auch an seinem ganzen äußeren Verhalten kann man seine Demut jederzeit erkennen: beim Gottesdienst, im Oratorium, im Kloster,
im Garten, unterwegs, auf dem Feld, kurz: überall ...
Ständig wiederholt er in seinem Herzen die Worte des
Zöllners im Evangelium: „Herr, ich Sünder bin es nicht
wert, meine Augen zum Himmel zu erheben."
(Mt 8, 8)/(7, 62-66)*

Genausowenig wie Demut auf äußeres
Gehabe zusammenschrumpfen kann, genausowenig kann sie bloß innerlich bleiben.
Sie ist im vollen Sinn ganzheitlich und muß
zutiefst leibhaftig werden. Was sind denn da
leibhaftige Indizien? Nicht geduckt, nicht ge-
streckt, nicht hochnäsig, nicht aufstampfend,
nicht zappelnd, nicht schleichend. Und po-
sitiv? Gesammelt, präsent, schlicht, gerade-
wegs, aufrecht.
Wie stimmen bei mir innere und äußere Haltung überein? Wo fällt es mir auf, daß sie
leicht auseinanderbrechen? Wo klaffen sie
bisweilen geradezu auseinander? Wenn das
geschieht, wo ist dann mein Bewußtsein?
Demut ist hier, meiner selbst ohne jede Gott-
vergessenheit natürlich bewußt zu sein, und
das nicht mehr aufgrund von Wissen, sondern von Erfahrung.

171

*Hat nun der Mönch all diese Stufen der Demut
erstiegen, dann gelangt er bald zu jener Gottesliebe,
die vollkommen ist und die Furcht vertreibt. In der
Kraft dieser Liebe beginnt er alle Vorschriften ... jetzt
ohne jede Mühe ... zu erfüllen, nicht mehr aus Furcht
vor der Hölle, sondern aus Liebe zu Christus, und weil
das Gute ihm zur Gewohnheit und die Tugend zur
Freude geworden ist. Diesen Zustand der Vollendung
wird der Herr durch den Heiligen Geist huldvoll an
seinem Arbeiter offenbar machen, der frei geworden ist
von Fehlern und Sünden. (7, 62-70)*

Hier geht es um einen Menschen, dem es
ganz selbstverständlich geworden ist,
daß er sich nichts mehr vormacht und auf
sich einbildet, um einen Menschen, der ohne
jede Depression die Wahrheit über sich selbst
gesehen hat und ehrlich damit von Christus
gerufen in dessen Reich geht. Er weiß, daß
das Entscheidende in jedem Leben Gottes
Gnade und Erbarmen sind, immer und überall
weiß er das. Wer damit geht, verliert allmählich alle Angst und gewinnt zu immer neuem
(und neu nötigem) Erbarmen eine unbezahl-
bare und unverwüstliche Freiheit dazu. Sie ist
ein Geschenk des Heiligen Geistes, ein Same,
der voll aufgegangen ist.

172

Zur Winterzeit wird man bei vernünftiger Überlegung
zur achten Stunde der Nacht aufstehen. So können die
Brüder etwas länger als die halbe Nacht schlafen und
dann ausgeruht aufstehen. (8, 1 + 2)

Es geht um die Zeit für den Gottesdienst, der für Benedikt höchste Priorität hat. Der ganze Mensch ist eingefordert, er soll aufstehen. Aber Benedikt will es so geordnet wissen, daß der Mensch gesund bleiben kann und normalerweise ausgeruht aufsteht. Wie ordnen wir unser eigenes Leben? Wo setzen wir Akzente und Prioritäten?

173

Man singe zuerst dreimal den Vers: Herr, öffne mir die Lippen, und mein Mund wird Deinen Ruhm verkünden. (Ps 51, 17)/(9, 1)

Mehrere Stunden jeden Tag stehen die Mönche und Nonnen im gemeinsamen Gottesdienst. Man kann sagen, darauf verstehen sie sich am besten, da kennen sie sich aus. Und doch weist Benedikt sie an, jeden Tag mit dem Vers aus dem Psalm zu beginnen: Herr, öffne meine Lippen ... Nicht nur einmal, sondern dreimal sollen sie das rufen, jeden Tag, und dann beginnen. Wie beginnen wir denn unser Tagewerk? Welche Möglichkeiten gäbe es, mein Tagewerk in diesen Horizont zu stellen?

174

*Der Vorsänger singt das „Ehre sei dem Vater". Sobald
der Vorsänger es anstimmt, stehen alle sogleich in
tiefer Ehrfurcht vor der heiligen Dreifaltigkeit von ihren
Sitzen auf. (9, 6b + 7)*

Mit dem „Ehre sei dem Vater und dem
Sohn und dem Heiligen Geist" wird
am Ende jedes gebeteten Psalms der dreifal-
tige Gott verehrt. Wir beten und verehren als
leibhaftige Menschen. Bloße Innerlichkeit
gibt es nicht beim Menschen.
In der klösterlichen Liturgie gibt es verschiedene Gesten, die Ehrfurcht ausdrücken. Wie
drücke ich Ehrfurcht aus? Wie bin ich im
Gottesdienst?

175

Diese Ordnung ... soll eingehalten werden; es müßte denn sein, daß man – was Gott verhüte – zu spät aufsteht; dann müßte man ... kürzen. Man sorge aber auf jede Weise dafür, daß es nicht vorkommt. (11, 11-13)

Selbst wenn man auf jede Weise zu sorgen versucht, kommen Dinge vor, die nicht vorkommen sollten, zum Beispiel, daß man zu spät aufsteht u. a. m. Was soll man nach Benedikt dann tun?

– Den Fehler sehen und als solchen benennen.

– Das Gebet dann in einer geordneten Weise kürzen.

– Weiter versuchen, daß nicht vorkomme, was nicht vorkommen soll.

176

*Die Morgen- und Abendfeier dürfen auf keinen Fall
zu Ende gehen, ohne daß der Obere am Schluß das
ganze Gebet des Herrn so spricht, daß alle es hören,
wegen der Dornen, das heißt wegen der Streitigkeiten,
die leicht entstehen. (13, 12)*

Sind Menschen im Kloster heiliger, sündigen sie weniger als andere? Alles, was im Menschen und unter Menschen an Unheil und Sünde möglich ist, ist auch im Kloster möglich. Vielleicht liegt ein Unterschied in der Art, damit umzugehen. Mönche und Nonnen gehen mit all dem immer wieder ins gemeinsame Gebet. Und zweimal jeden Tag betet oder singt der Obere das Gebet des Herrn Jesus über die Gemeinschaft, während sich alle still verbeugen.

177

Dadurch, daß die Brüder die Bitte aussprechen: „Vergib uns, wie auch wir vergeben", verpflichten sie sich, sich von einer solchen Schuld zu reinigen. (13, 13)

Es ist etwas sehr Eindrückliches, wenn ich das Vaterunser über mich beten lasse. Aber dann kommt ein Punkt, an dem – so sagt Benedikt – alle ganz wach einstimmen sollen. „Vergib uns, wie auch wir vergeben." Und das jeden Tag mit Ernst und Ehrlichkeit und allem, was man vielleicht voneinander weiß. Täglich leben wir aus der Vergebung. Täglich leben andere auch aus unserer Vergebung.

178

Wie der Prophet sagt: „Siebenmal am Tag singe ich Dein Lob." (Ps, 119, 164)/(16, 1)

In dieser Tradition von Psalm und Prophetenwort will Benedikt die täglichen Gottesdienste der Klostergemeinschaft sehen. Bereits zu Benedikts Zeiten wurden viele dieser Texte schon fast ein Jahrtausend lang gebetet. Durch alle Zeit, durch Jahrtausende und Tage und alle Zeiten jeden Tages gilt Gott unser Lob. Immer neu geben wir den Atem, die Stimme dem Lob, das immer gilt. In diesem doppelten Sinn ist das Lob Gottes höchst aktuell.

179

Diese geheiligte Siebenzahl erfüllen wir dann, wenn wir in der Morgenfrühe sowie zu den Stunden der Prim, Terz, Sext, Non, Vesper und Komplet unseren schuldigen Dienst leisten; denn von diesen Gebetsstunden am Tag sagt der Prophet: „Siebenmal am Tag singe ich Dein Lob." (16, 2 + 3)

Lob ist nicht Stimmung, nicht abhängig von meiner Befindlichkeit. Es ist in meine eigene Lebenserfahrung eingebettet, das wohl. Daß ich loben kann, muß ich erfahren. Wann und wie ich lobe, das entscheide ich. Benedikt sagt, wir sollen alle Zeiten jedes Tages durch das Lob Gottes heiligen und das als einen schuldigen Dienst tun, alle Tage in dieser Welt singen, Mund der Schöpfung sein, die Gott antwortet.

180

*Von der Feier der nächtlichen Vigilien sagt der gleiche
Prophet: „Um Mitternacht stehe ich auf, um Dir zu
lobsingen." (Ps 119, 62)/(16, 4)*

Was tun wir, wenn es Nacht um uns und
in uns wird, die Finsternis ihr Recht
behauptet und sich breitmacht? Sing, sagt
Benedikt, das Lob, um das Du weißt. Über-
spiele sie nicht, mache nicht künstlich die
Nacht zum Tag, aber – wenn es soweit ist
– stehe auf und singe alles Lob, das Du weißt.
Sei in dieser Welt und für sie, wie es von den
Sternen im Buch des Propheten Baruch heißt:
„Froh leuchten die Sterne auf ihrem Posten.
Ruft er sie, so antworten sie: Hier sind wir.
Sie leuchten mit Freude für ihren Schöpfer.
Das ist unser Gott, kein anderer gilt neben
ihm." (Bar 3, 34-36)

181

Zuerst singt man den Vers: „Gott, komm mir zu Hilfe; eile, Herr, mir zu helfen. Ehre sei dem Vater", dann den Hymnus jeder Gebetszeit. Dann ... (18, 1)

Das Gebet der Gemeinschaft setzt sich aus verschiedenen, wechselnden Elementen zusammen. Aber es beginnt jedesmal auf die gleiche Weise. Wir rufen Gott um seine Hilfe an für diesen Augenblick und diese eine Stunde und geben ihm, dem dreifaltigen Gott, die Ehre.

Welches sind gegenwärtig die Elementarteile meines Betens? Wäre diese Art, zu beginnen, auch für mein Beten ein guter Anfang?

Damit ist die Ordnung für den Psalmengesang unter Tages festgelegt. (18, 20)

Von den Franzosen heißt es, sie würden großen Wert auf die Eßenskultur legen. Bei den Deutschen liegt viel Gewicht auf dem Wohnen und Bauen. Benedikt widmete in seiner Ordensregel mit ihren 73 Kapiteln elf Kapitel der Ordnung der gemeinsamen Gebetszeiten.

Wie ist das bei mir und uns? Worauf lege ich am meisten Wert? Was ordnen und pflegen wir am meisten? Was bedeutet das für mich, für uns? Will ich das so?

183

Wir machen ausdrücklich auf folgendes aufmerksam:
Wenn jemand diese Verteilung nicht annehmen will,
dann soll er nach besserer Einsicht eine andere aufstel-
len. (18, 22)

Das ist schon faszinierend: Da entwarf ein Mensch elf Kapitel lang eine Ordnung für das Beten. Und dann macht er ausdrücklich darauf aufmerksam, daß andere diese nach besserer Einsicht ändern können ...
An welcher Stelle meines Lebens sollte ich, inspiriert von diesem Regelvers, vorangehen? An welcher Stelle meines Lebens wünschte ich mir, so frei zu sein?

184

Nur soll er unter allen Umständen darauf achten, daß
man jede Woche den Psalter mit seinen 150 Psalmen
ungekürzt singt ... Denn allzu träge zeigen sich die
Mönche in ihrem Dienst und in ihrer Frömmigkeit,
wenn sie im Verlauf einer Woche nicht den ganzen
Psalter ... singen. Lesen wir doch, daß einst unsere
heiligen Väter in ihrem Eifer an einem einzigen Tag
das vollbracht haben, was wir laue Mönche wenig-
stens in einer ganzen Woche leisten sollten. (18, 23-25)

Wenn man an der Gebetsweise etwas
ändern will, sind – abgesehen von der
Sache – einige Kriterien hilfreich:
– Ist das Gebet eingebunden und gehalten im
  vollen Strom der Tradition?
– Kenne ich diese überhaupt genug, um dar-
  aus schöpfen zu können?
– Es geht nicht um „weniger", sondern um
  „passender".
– Es geht nicht darum, der Bequemlichkeit
  Raum zu geben, sondern der Glut.

185

Wir glauben, daß Gott überall gegenwärtig ist und daß die Augen des Herrn an jedem Ort die Guten und die Bösen beobachten. (19, 1)

Bin ich sensibel für die Gegenwart Gottes in allen Räumen meines Lebens, in denen ich mich heute bewegen werde?
Ein sprachlicher Ausdruck für das Ziel christlichen Lebens ist das Wort von der „Anschauung Gottes". Ein Einüben daraufhin ist es, wenn ich mich immer bereitwilliger jetzt schon von Gott anschauen lasse.
Welche Weisen, jemanden anzuschauen, kenne ich selbst?

186

Das sollen wir noch mehr als sonst glauben und für
gewiß halten, wenn wir am Gottesdienst teilnehmen.
(19, 2)

Gottesdienst, das ist: Ankommen und Singen in Gottes Gegenwart, Hinschauen
und Angeschautsein. Gottesdienst ist ganz
beziehungsvoll, Himmel und Erde verbinden
sich darin. Jede Beziehung wird von dem geprägt, was die Beteiligten mit einbringen oder
was sie vorenthalten.
Habe ich ein Vertrauen, daß Gott mein ganzes Wesen in allen Facetten anschaut und ich
dabei singen und beten darf?

*Immer sollen wir daher an das Wort des Propheten
denken: „Dient dem Herrn in Furcht!" (Ps 2, 11) Und:
„Singt Eure Psalmen mit Verstand!" (Ps 47, 8) Und:
„In Gegenwart der Engel singe ich Dir Psalmen."
(Ps 138, 1)/(19, 3-5)*

Benedikt spricht hier drei Ebenen an, die
für einen guten Gottesdienst bedeutsam
sind:
1. Ehrfurcht – keine Banalitäten
2. Verstand – kein Untergang in diffuser Ge-
   fühlsbetontheit
3. Wache Präsenz im Kontext der Schöpfung

188

Wir wollen also bedenken, wie wir vor dem Angesicht
der Gottheit und ihrer Engel sein müssen, und so beim
Psalmensingen stehen, daß unser Herz im Einklang ist
mit unserem Wort. (19, 6 + 7)

Mehr als an allem anderen hängt die Würde unserer gemeinsamen Gebetszeiten daran, daß unser Herz immer mehr in Einklang mit unserem Wort kommt. Regeln können wir zwar nur die äußere Form, aber es ist wichtig, der inneren Form und Formung dabei viel und gerne und bewußt Raum zu lassen.
Was steht bei mir diesem Einklang zur Zeit besonders im Wege?

189

*Wenn wir mächtigen Menschen eine Bitte unterbreiten
wollen, wagen wir es nur in Demut und Ehrfurcht.
(20, 1)*

Wie steht es um mein Bitten-Können? Kann ich bitten? Bin ich frei genug zu bitten? Was hemmt mich am ehesten? Ist mein Bitten fordernd? Ist es aufrichtig und aufrecht? Respektiere ich die Freiheit dessen, den ich bitte?

Es ist eine nicht geringe Kunst, zu den eigenen Bitten und Wünschen zu finden und dabei – ob diese nun erfüllt werden oder nicht – von jeder Fixierung frei zu bleiben.

190

*Um wieviel mehr müssen wir zum Herrn, dem Gott
des Weltalls, in aller Demut und mit reiner Hingabe
flehen. (20, 2)*

Gott wird uns hier als Gott des Weltalls
(Deus universorum) vor Augen gestellt,
dem wir als ein winziger Teil des Weltalls
begegnen und uns im Gebet an ihn rückbinden (re-ligio). Demut ist hier wie immer die
Anerkennung meiner Wahrheit. Damit ist
sie eine der wesentlichen Voraussetzungen
jeder wirklichen Beziehung und ganz gewiß
die Voraussetzung jeder Hingabe. – Ist meine
Antwort an Gott davon geprägt?

191

Wir sollen wissen, daß wir nicht durch die vielen
Worte, sondern durch die Reinheit des Herzens und
die Tränen der Zerknirschung Erhörung finden. (20, 3)

Nicht die Worte, die wir betend sprechen,
öffnen uns Gottes Herz und Ohr (sie mögen dazukommen oder auch nicht), sondern
daß wir ehrlich als Person gegenüber seiner
Person sind. Zur Wahrheit meiner Person gehört immer auch meine Gebrochenheit. Aber
nicht diese hindert, daß wir Erhörung finden.
Sie zuzulassen ist eine der Einlaßbedingungen. Wenn wir innerlich unwahrhaftig sind,
gibt es keinen Zugang zu Gott, und Gott hört
dann nicht zu.

Deshalb soll das (stille) Gebet (in der Gemeinschaft)
kurz und rein sein – es sei denn, es werde durch den
Antrieb und die Eingebung der Gnade verlängert.
(20, 4)

Wir sind heute für den Umgang mit Motiven und allerlei Trieben sensibilisiert, die uns hin und her bewegen, manchmal schütteln, manchmal jagen. Hat die Gnade Gottes Raum darin? Hat unser Umgang damit etwas von „Gebet"?

Woran erinnern wir uns, wenn von „Antrieb und Eingebung der göttlichen Gnade" gesprochen wird? Verbinden wir damit irgendein Erfahren? Wenn nicht: weil wir es nicht kennen oder weil wir es nicht verbinden?

Was könnten wir tun oder lassen, um sie besser wahrzunehmen?

193

*Wenn die Klostergemeinde größer ist, sollen aus ihrer
Mitte Brüder ... gewählt und zu Dekanen bestellt
werden. Diese führen in allen Angelegenheiten die
Aufsicht über ihre Dekanien, im Einklang mit den
Geboten des Herrn und den Weisungen ihres Abtes.
(21, 1 + 2)*

Nicht nur für das Miteinander in größeren
Klostergemeinschaften ist das dienlich:
– Verantwortung wahrnehmen können.
– Verantwortung delegieren und teilen kön-
nen.
– Verantwortung übernehmen lernen.
– Verantwortung überlassen lernen.
– Verantwortung abgeben lernen.

Jeder soll in einem eigenen Bett schlafen. Nach der Anweisung ihres Abtes erhalten sie Bettzeug, wie es der klösterlichen Lebensweise entspricht. Wenn es möglich ist, schlafen alle in einem Raum; wenn die große Zahl es nicht zuläßt, ruhen sie zu zehn oder zwanzig mit ihren Älteren, die über sie wachen.
(22, 1-3)

Die klösterliche Lebensweise ist viele Jahrhunderte alt und hat wie jede andere Lebensweise viele Veränderungen erlebt. Dieses Kapitel zeigt das deutlich. Manchmal müssen Formen sich auch ändern, damit der Inhalt, die Bedeutung angemessen weitergegeben werden können. Ist unsere Überlieferung lebendig oder leblos? Die Form ist dabei ein unverzichtbares, nötiges, vielleicht auch schönes, immer aber zerbrechliches Gefäß. Sie ist eine Hülle für den Schatz, den wir zu hüten haben, aus dem wir leben.

*Sie schlafen bekleidet und gegürtet mit Gürtel oder
Strick. Während der Nachtruhe sollen sie ihre Messer
nicht bei sich tragen, damit sie sich nicht etwa im
Schlaf verletzen. Die Mönche seien stets bereit.*
(22, 5 + 6a)

Die Form hat sich seit der spätantiken Römerzeit geändert. Die Form, die Benedikt hier beschreibt, war das Gefäß für das ständige Bereitsein der Mönche.

Welche Ausdrücke für ständiges Bereitsein sind uns verfügbar und vertraut? Sind wir immer bereit, uns rufen zu lassen? Wozu wären wir immer bereit?

In manchen Berufen gibt es die Rufbereitschaft. Wache Bereitschaft ist eine echte Tugend und ganz und gar nicht gleichbedeutend damit, mit dem Handy in der Tasche ständig erreichbar zu sein.

196

Wenn das Zeichen gegeben wird, sollen sie unverzüglich aufstehen und sich beeilen, einander zum Gottesdienst zuvorzukommen, jedoch mit allem Ernst und Anstand. (22, 6)

Wenn das Zeichen gegeben wird – das heißt, warten zu können, bis etwas soweit ist.

Sollen sie unverzüglich aufstehen – nicht herumlungern oder aus dem Bett fallen oder in den Tag stolpern.

Sich beeilen – aber weder vorauslaufen noch hinterherhinken.

Einander zum Gottesdienst zuvorzukommen – Welche Gelegenheiten kommen mir in den Sinn, bei denen Menschen einander, bei denen ich zuvorkommen will?

Wenn ich diesen Bildern nachspüre, wie will ich selbst es heute und morgen halten?

197

*Wenn ein Bruder widerspenstig, ungehorsam oder
stolz ist, wenn er murrt ... und sich als Verächter
erweist, sollen seine Oberen ihn nach dem Gebot
des Herrn ein und ein zweites Mal unter vier Augen
ermahnen. Bessert er sich nicht ... Lenkt er auch jetzt
nicht ein ... Erweist er sich aber als Querkopf ... (23)*

Wenn Menschen zusammenleben, sind
Fehlhaltungen und Konflikte in zahllosen inneren und äußeren Variationen unvermeidlich. Sie sind normal – nicht als Zustand,
aber immer wieder als Durchgang.
Wenn ich sie erlebe, nehme ich sie an? Oder
meide oder fliehe ich sie? Das wäre genau-
so fatal, wie sie zu suchen. Annahme ist die
Voraussetzung dafür, daß ich einen guten,
angemessenen Umgang mit einem Thema
erlernen kann.

198

Der Schwere der Verfehlung muß die Art der Aus-
schließung und Bestrafung entsprechen. Die Schwere
der Verfehlungen zu beurteilen steht dem Abt zu.
(24, 1 + 2)

Die Schwere einer Verfehlung zu beurteilen steht dem zu, der dafür zuständig ist
– hier dem Abt. Es ist nicht dienlich, daß wir
ständig und überall urteilen und beurteilen.
Warum und wann urteile ich?
Was würde sich verändern, wenn ich lernen
würde, bei allem, was ich womöglich wach
wahrnehme, dem Drang, zu beurteilen, nicht
nachzugeben und nur dort zu beurteilen, wo
ich aufgefordert und zuständig bin?

199

Die Mahlzeit nimmt er allein ein, nach der Mahlzeit der Brüder. (24, 5)

Benedikt kennt verschiedene Stufen der Ausschließung als Bestrafung. Entfernung als Reaktion auf Verfehlung und Entfremdung. Abstand von der Gemeinschaft halten, dem Maß des Verhaltens entsprechend. Keine oberflächliche Ummäntelung ist angebracht. Aber das ohne jede Willkür, menschlich und geordnet, nicht im Haurck-Verfahren, sondern schrittweise. Es sind nicht mehr unsere Formen. Aber welche Formen haben wir? Formlosigkeit wäre fatal. Sie würde Willkür und Launen die Tür öffnen.

Der Bruder, der eine schwere Schuld auf sich geladen hat, soll zugleich von Tisch und Oratorium ausgeschlossen werden. Kein Bruder darf mit ihm irgendwie Gemeinschaft haben oder mit ihm reden. Allein soll er die Arbeit verrichten, die man ihm aufträgt. (25, 1-3)

Das sind nicht mehr unsere Formen. Wenn wir wach sind, haben wir andere entwickelt, die unserer Lebensart entsprechen. Benedikts Art, zu strafen, ist eine graduelle Entfernung aus dem Miteinander der Gemeinschaft, von der sich jemand durch Schuld entfernt und entfremdet hat. Benedikt meint: Lebe und trage die Konsequenzen Deines Tuns. Alles hat seinen Preis. Es geht nicht um Materielles, sondern um Menschliches. Immer wieder ist Umkehr nötig. Immer wieder ist Umkehr möglich. Es geht nicht um irgendeine Perfektion, sondern um eine Richtung des Menschseins und -werdens.

201

Wagt ein Bruder es, ohne Erlaubnis des Abtes irgendwie mit einem Ausgeschlossenen zu verkehren, mit ihm zu reden oder ihm etwas auszurichten, dann trifft ihn die gleiche Strafe. (26)

Nicht nur, wer akut schuldig wird, muß die Konsequenzen seines Verhaltens tragen. Die bei ihm sind, müssen sie auch ertragen und in gewissem Sinn aushalten. Halte ich vorhandene Dissonanzen und Spannungen aus? Will ich sie bemänteln? Will ich sie lieber übersehen? Will ich sie überspringen? Lasse ich sie gelten – als Bruder, als Schwester –, ohne in falsche Verbrüderungen zu verfallen? Nur dann kann etwas sich zum Besseren wenden. Wenn das nicht ausgehalten und durchgehalten und durchgetragen wird, droht sich alles Üble immer wieder nur zu wiederholen.

*Der Abt muß auf jegliche Weise um die Brüder besorgt
sein, die sich verfehlt haben; denn nicht die Gesunden
brauchen den Arzt, sondern die Kranken.
(Mt 9, 12)/(27, 1)*

Benedikt zeigt uns eine Alternative auf. Er
lebt und gestaltet Gemeinschaft in seiner
Zeit aus dem Geist der Predigt Jesu. Die Alternative zu konfliktscheuer Verbrüderung
ist nicht Scheidung oder Fortgehen, sondern
Sorge und Hingehen.

Deshalb muß er wie ein erfahrener Arzt alle Mittel anwenden; er soll ältere und erfahrene Brüder vorschicken, die unter vier Augen dem schwankenden Bruder freundlich zureden und versuchen, ihn zu demütiger Genugtuung zu bewegen. (27, 2-3a)

Wir sollen nicht in einer Mentalität des Zupflasterns und Schönredens in Konflikte hineingehen. Das nicht. Es heißt hier, der Abt schicke erfahrene Brüder vor. Es geht um Menschen, die in Ruhe und auf gleicher Augenhöhe das Gespräch suchen. Sie werden keine laute Rede schwingen, sondern still zu bewegen bemüht sein. Kenne ich Menschen, die so sprechen können? Wie erfahre ich mich selbst in solchen Situationen?

204

Sie sollen ihm freundlich zureden, damit er nicht in
übermäßige Trauer versinkt. (Vgl. 2 Kor 2, 7) Wie
der Apostel sagt, soll man ihm gegenüber vielmehr die
Liebe walten lassen (vgl. 2 Kor 2, 8), und alle sollen
für ihn beten. (27, 3b + 4)

Den Abstand halten, ohne den anderen allein zu lassen oder sich abzuwenden, das
ist in Konflikten keine Kleinigkeit. Freundlich
zureden, die Liebe walten lassen, für den anderen beten. Das sind Verhaltensweisen, die
ein hohes menschliches Engagement und die
eigene Besonnenheit erfordern. Bin ich in
Konflikten besonnen und engagiert? Oder
lasse ich es mir an oberflächlicher Harmonie
genügen?

205

*Der Abt muß sich große Mühe geben und mit Umsicht
und Beharrlichkeit alles daransetzen, um keines der
ihm anvertrauten Schafe zu verlieren. Er muß wissen,
daß er die Sorge für kranke Seelen, nicht die Gewaltherrschaft über gesunde übernommen hat. (27, 5 + 6)*

Niemand soll nach Benedikts Willen in
Konflikten verlorengehen, niemand soll
untergehen. Das Klima für all das ist gezeich-
net von Ehrlichkeit und Nicht-Ignorieren.
Was steht mir in einem solchen Kontext vor
Augen, wenn ich diese Worte lese: „große
Mühe", „Umsicht", „Beharrlichkeit"?

206

Er [der Abt] muß wissen, daß er die Sorge für kranke
Seelen, nicht die Gewaltherrschaft über gesunde über-
nommen hat. (27, 6)

Nicht nur der Abt soll das wissen, auch
ich. (Was habe ich übernommen?)
Wir alle haben irgendwo Schlagseiten, sind
irgendwie angeschlagen, immer auch – wenn
auch nie nur – schwach. Wenn wir in Benedikts Sinn weiterkommen wollen, gilt es, das
einzubeziehen, nicht aber das auszunützen.

Und er fürchte das Drohwort, das Gott durch den
Propheten spricht: „Was Euch fett schien, habt Ihr
für Euch genommen, und was schwach war, habt Ihr
weggeworfen." (Ez 34, 3-4)/(27, 7)

Sorgen soll der Abt, nicht herrschen und
Gewalt ausüben. Jeder soll in seinem Bereich sorgen, nicht herrschen ... um Gottes
willen und in Gottesfurcht und dabei selbst
immer freier von Selbstbezogenheit werden,
die jede gute Sorge beeinträchtigt.

208

Auch ahme er den guten Hirten nach, der das Beispiel treuer Liebe gab; er ließ die 99 Schafe in den Bergen zurück und machte sich auf, um das eine verirrte Schaf zu suchen. (Joh 10, 11; Mt 18, 12; Lk 15, 4)/(27, 8)

So sehr hat Benedikt das Ganze im Blick, so sehr ist sein Anliegen das Ordnen einer Lebensgemeinschaft vor Gott. Aber hier heißt es, es gibt Augenblicke, da muß man (mit allem zuvor Gesagten im Herzen) das Ganze aus dem direkten Blick verlieren und nur den einen Menschen sehen und suchen. Kann ich das eine wie das andere – grundsätzlich? Und was fällt mir zur Zeit leichter? Dann sollte ich auf das andere heute mehr achten.

209

Er [der gute Hirte] hatte solches Mitleid mit dessen
Schwäche, daß er es [das Schaf] huldvoll auf seine
heiligen Schultern nahm und so zur Herde zurücktrug.
(27, 9)

Als Christin kann ich im Blick auf Christus
lernen, das zu tun: einen Menschen tragen auf meinen noch unheiligen Schultern, in
meinem noch unheiligen Herzen. Wie Christus tragen, das heißt dann auch: das Schwa-
che zurücktragen, Schritt für Schritt auf die
Gemeinschaft zugehen und hintragen.

210

Wenn er [der Abt] alles versucht hat ... (28, 3a)

Ich schaue in der Haltung des fürbittenden Betens auf Menschen, die alles versucht haben, was ihnen möglich war, und erleben, daß es umsonst war, und bete, daß sie nicht mutlos werden:
– Ich habe alles versucht ...
– Du hast alles versucht ...
– Er hat alles versucht ...
– Sie hat alles versucht ...
– Wir haben alles versucht ...
– Ihr habt alles versucht ...
– Sie haben alles versucht ...

211

... dann aber sieht, daß seine Mühe nichts fruchtet ...
(28, 3a + 4a)

Die Erfahrungen von Vergeblichkeit und Ohnmacht liegen in jedem Leben. Viel Unheil geschieht, weil Menschen damit nicht, nicht gut, oft nicht zurechtkommen und umgehen können. Was oder wer half mir in meinem Leben, mit der Erfahrung von Ohnmacht gut, das heißt sie annehmend und überwindend umzugehen?
Was würde ich selbst jemandem sagen, der mich fragt, wie das gehen kann?

... so greife er zu einem wirksameren Mittel: Er selbst und alle Brüder sollen für ihn beten, damit der Herr, der alles vermag, den kranken Bruder wieder gesund macht. (28, 4b + 5)

Was meine ich: Reicht zu beten weiter, als die Hände reichen, kann zu beten weiter mitgehen, als die Füße mitgehen können?

Welche Weisen, miteinander für jemanden zu beten, kenne ich aus eigenem Erleben, vom Lesen, vom Hörensagen? Kann ich mich und andere dem Beten für jemanden anvertrauen?

213

Wenn auch so keine Heilung eintritt, greife der Abt zum Messer, um abzuschneiden ... Wenn der Ungläubige weggehen will, dann soll er gehen. (1 Kor 7, 15)/(28, 7)

Es gibt die Erfahrung, daß nach allem Versuchen nichts geholfen hat und die Trennung vollzogen wird. Benedikt nennt das erst zuallerletzt, es ist das „Allerletzte". Heute legt uns die Gesellschaft Trennung oft schnell nahe. Viele mußten die Erfahrung machen, in vielen Leben geschah sie einfach. Kann ich darüber trauern? Kann ich darüber trauern für mich, für alle Menschen, die mir schon begegnet sind? Ich will mir eine Zeit zu trauern nehmen und sie wie eine offene, schwere Schale vor Gott hinstellen.

214

Wenn ein Bruder aus eigener Schuld das Kloster
verlassen hat und dann wieder zurückkehren will, so
muß er zuerst versprechen, sich in dem Fehler völlig zu
bessern. Dann nimmt man ihn auf, stellt ihn aber an
den letzten Platz, um dadurch seine Demut zu prüfen.
(29, 1 + 2)

Manchmal entwickelt sich bei Menschen der Mut zum Wankelmut. Manchmal verlassen sie dann den Weg, für den sie erst mutig genug waren. Benedikt meint, man solle solchen Menschen helfen, das heißt, sie annehmen, fördern und neu herausfordern. Manchmal hilft das, Boden unter die Füße zu bekommen und neu Schritt zu fassen. Wie steht es bei mir mit dem Wankelmut? Kenne ich ihn? Wie verhalte ich mich dann? Kenne ich ihn von anderen? Wie helfe ich dann?

215

Wenn er nochmals weggeht, wird er in der gleichen Weise bis zu drei Malen wieder aufgenommen; danach aber muß er wissen, daß ihm keine Möglichkeit mehr gegeben wird, ins Kloster zurückzukehren. (29, 3)

Auch wenn wir öfter im Leben immer wieder neu und mehrmals für einen Sprung Anlauf nehmen müssen, der immer neu zu wagen ist, so gibt es doch Grundentscheidungen, die wir nicht beliebig oft in Frage stellen dürfen, ohne daß sie zu Bruch gehen. Es ist wichtig, das auch klar zu sagen und sich und anderen nichts vorzumachen. Benedikt mahnt uns zur Geduld mit den Menschen (uns selbst eingeschlossen), er mahnt uns aber auch zur Klarheit. Wenn ich das auf meine Weise, Beziehungen zu leben, anwende, was müßte sich da ändern?

Jede Alters- und Erkenntnisstufe verlangt die ihr ent-
sprechende Behandlung. (30, 1)

Es geht in diesem Regelkapitel ums Strafen. Das Ziel des Strafens ist, wie immer
bei Benedikt, die Heilung. Aber diese Art des
Strafens ist nicht mehr unser Thema. – Der
Schlüsselsatz des Abschnitts für uns ist der
erste Vers. In unserem Kloster leben keine
Kinder mehr, aber zur Zeit Schwestern aus
sechs Lebensjahrzehnten. Und es ist wichtig,
im Zusammenleben wahrzunehmen und zu
lernen, daß es keine Methode gibt, die für
alle die richtige oder die beste ist, um den
nächsten Schritt auf dem Weg des Reifens zu
gehen.
Neige ich dazu, alle über einen Leisten zu
schlagen, mit einem Maß zu messen?

Zum Cellerar des Klosters wählt man einen aus der
Gemeinschaft aus, der lebenserfahren ist und einen
reifen Charakter hat, der mäßig und kein großer Esser
ist, nicht hochmütig, nicht aufgeregt, nicht grob, nicht
umständlich, nicht verschwenderisch, der vielmehr
Gott fürchtet. (31, 1 + 2)

Wenn Benedikt hier über den spricht,
der die Güter verwalten soll, geht es
ihm nicht zunächst um Methode und Technik, sondern um einen personalen Lebensstil.
Wenn ich einen Menschen zeichnen sollte,
der gut verwaltet, welche Linien würde ich
ziehen? Worin würden sich die Bilder ähneln,
worin unterscheiden?
Ich verinnerliche die Worte und Linien, die
Benedikt rät und die ich besonders auswähle,
füge mich ihnen ein, lasse mich davon prägen
und zeichnen und mir das Maß aufzeigen,
wie ich selbst mit den Gütern umgehen will,
die mir anvertraut sind.

Er soll für die ganze Klostergemeinde wie ein Vater sein. (31, 2)

Wir haben weiter vorn schon gesehen: Christus ist das Bild des Vaters. Der Abt ist das Bild, der Stellvertreter Christi. Der Verwalter soll wie ein Vater sein, sein Bild und Stellvertreter. Die Reihe setzt sich fort. Es ist eine Beziehungsreihe. Wo stehe ich in dieser Reihe? Wie kommen Vater- und Muttersein in meinem Leben vor? Wären wir nur für die eigenen „Kinder" väterlich oder mütterlich, wir hätten Benedikt nicht verstanden.

Ich lasse das Bild vom Vatersein auf mich wirken, ich lasse mit aufmerksamem Bewußtsein die Väterlichkeit oder die Mütterlichkeit in mir wach werden.

*Er soll Sorge tragen für alles. Nichts soll er ohne
Auftrag des Abtes tun. Er soll sich an die erhaltenen
Anweisungen halten. (31, 3-5)*

Ein Aspekt von Vatersein ist: Leben zeugen,
Richtung weisen, Sorge tragen. Aber das
soll nicht im freien Fall geschehen, sondern
so, daß einer dabei verbunden und in Berührung bleibt mit dem, was er erhalten hat und
zu tun gehalten ist in einer aufmerksamen,
weitherzigen Verantwortlichkeit. Wir sind
zur Verantwortlichkeit befähigt, ermächtigt
und beauftragt.
Wo sollte ich heute meine Verantwortung
wahrnehmen?
Von wem nahm ich sie an, ließ ich sie mir
geben?
Für wen und was übernahm ich sie?
Ich will üben, sie schlicht und frei auszuüben.

*Er soll die Brüder nicht betrüben. Falls ein Bruder
unvernünftige Wünsche vorbringt, dann soll er ihn
nicht betrüben, indem er ihn mit Verachtung zurück-
weist, sondern die unvernünftige Bitte mit Angabe des
Grundes bescheiden ablehnen. (31, 6 + 7)*

Zweimal sagt Benedikt hier: Man soll nicht
betrüben. Es ist ihm ganz wichtig.
Dabei geht es aber um den Stil, nicht um Inhalt oder Ergebnis. Denn er meint ja nicht,
daß jede Bitte erfüllbar oder sinnvoll oder
vernünftig wäre. Frustrationen scheinen zu
unserem Wachsen und Reifen unvermeidlich
dazuzugehören.
Ich schreibe zwei Listen, über der einen steht
„mit Verachtung zurückweisen", über der anderen „begründet und bescheiden ablehnen".
Und ich fülle diese Listen mit Erfahrungen
und dem, was ich selbst getan habe. Das
kann mir helfen, mich wieder einmal – und
zwar konkret – zu orientieren.

221

Er soll über seine Seele wachen ... (31, 8)

Es gibt verschiedene Arten zu wachen:
- Das Wachen des Wächters ...
- Das Wachen des Polizisten ...
- Das Wachen des schmerzgeplagten Kranken ...
- Das Wachen des Arztes ...
- Das Wachen des Freundes ...
- Das Wachen des Feindes ...
- Das Wachen am Bett eines Kindes vor dem Einschlafen ...
- Das Wachen bei einem Sterbenden ...

Welche Arten, zu wachen, kenne ich? Welche liegen mir? Wie gebe ich auf mich selbst acht? Wachsam sein ist lebenswichtig. Aber ohne Wohlwollen getan, hilft es nicht und niemandem weiter.

Alles Gerät und die ganze Habe des Klosters soll er als heiliges Altargerät betrachten. Nichts soll er nachlässig behandeln. (31, 10 + 11)

Wir sollen nie banal werden, sondern alles mit Ehrfurcht, Respekt und Aufmerksamkeit in die Hand nehmen. Anders, meint Benedikt, kann man nirgends gut handeln, egal, womit man in dieser Welt und Schöpfung umgeht.

Nicht alles ist schon heilig, mogeln wir uns das nicht ins harmoniewillige Herz. Aber alles, wirklich alles kann Gefäß für das Heilige und den Heiligen sein oder werden und ist jetzt schon kostbar wie die Gefäße am Altar oder die Krippe im Stall.

223

Kann er einem Bruder nichts geben, dann gebe er
ihm wenigstens eine freundliche Antwort. Es steht ja
geschrieben: Ein freundliches Wort geht über die beste
Gabe. (Eccli 18, 17)/(31, 13 + 14)

Spreche ich freundlich? Sehe ich den Menschen mir gegenüber dabei ... und sehe ich
ihn an? Kommt mein Freundlichsein aus einem freundlichen und wohlwollenden Herzen? Ist es ehrlich? Wenn nicht: Was hindert
mich daran? Ich sehe das an. Ich sehe auch
das freundlich an, ohne dem nachzugeben.
Heute will ich üben, das gute und freundliche
Wort zu geben.

*Wenn die Klostergemeinde größer ist, soll man ihm
Gehilfen geben. Mit ihrer Unterstützung kann er das
ihm anvertraute Amt verwalten, ohne den Frieden der
Seele zu verlieren. (31, 17)*

Kann ich mit dem, was mir anvertraut ist,
verantwortlich umgehen und meine Sorge tragen?
Kann ich das, ohne immer wieder den Frieden der Seele zu verlieren?
Welche Unterstützung bräuchte ich dabei?
Wo sollte ich mich um Hilfe bemühen? Auch
das gehört ja zu meiner Verantwortung.

225

Zu bestimmter Zeit gebe man, was zu geben ist, und erbitte man, was zu erbitten ist, damit im Hause Gottes niemand verwirrt oder traurig wird. (31, 18 + 19)

Ein Kloster ist Domus Dei, Gottes Haus. Wir sind darin willkommen, in einer guten und dem Leben wohlgesinnten Ordnung, in einem Rhythmus, in dem der Mensch sich mit Leib und Seele bewegt, in dem Himmel und Erde einschwingen.

Wenn Verwirrung und Traurigkeit bei mir selbst oder in meinem Kreis vorkommen oder das Klima zeichnen, ist diese gute Ordnung irgendwo gefährdet oder hat Schaden gelitten.

226

Der Besitz des Klosters an Werkzeugen, Kleidern und
sonstiger Habe soll der Abt Brüdern anvertrauen, auf
deren Leben und Charakter er sich verlassen kann.
(32, 1)

Die Dinge im Leben sind uns nicht als Habe gegeben, sondern zur Handhabung. Wir sind nicht Eigentümer der Schöpfung, sondern sie ist uns anvertraut. Wir sitzen nicht auf dem Besitz, sondern wir hüten ihn wie etwas, für das wir Sorge tragen.

227

Keiner darf sich herausnehmen, ohne Erlaubnis des
Abtes etwas zu verschenken oder anzunehmen oder
etwas als Eigentum zu besitzen, durchaus nichts ... sie
haben ja nicht einmal das Recht, über ihren eigenen
Leib zu verfügen. (33, 2-4)

Eigentum ist etwas, über das jemand mit allem Recht eine Verfügungs- und Nutzungsgewalt hat. Das deutsche Wort „Eigentümlichkeit" meint dann daran angelehnt eine für jemanden typische, charakteristische Art oder auch eine besondere, merkwürdige Art. Benedikt will, daß wir mit dem, was uns an Leben und Schöpfung und aller möglichen Habe gemeinsam anvertraut ist, nicht eigentümlich, nicht verfügend umgehen, sondern so, wie es dem Ganzen in Verantwortung dient und bekommt. Das bezieht sich auf alle Utensilien ebenso wie auf mich selbst und meine persönliche Lebensführung. Nichts davon ist mir allein gegeben. Darum will ich, was ich habe und gebrauche, nicht in eigentümlicher Weise haben, brauchen und absondern.

*Alles Notwendige aber dürfen sie vom Vater des
Klosters erwarten, und es ist ihnen nicht erlaubt, etwas
zu besitzen, das der Abt nicht gegeben oder gestattet
hat. (33, 5)*

Es ist befreiend, alles Nötige von Gott,
dem Vater des Lebens im Leben erwarten
zu dürfen. Kann ich mich darauf einlassen?
Kann ich überhaupt etwas erwarten? Oder
eigne ich mir alles mögliche selbst an?
Es besteht ein Wesensunterschied dazwischen, das erwartete Nötige in die eigene
Hand zu nehmen oder es sich anzueignen.

Alles sei allen gemeinsam (vgl. Apg 4, 32), wie es in
der Schrift heißt, so daß keiner etwas sein eigen nennt
oder es als solches beansprucht. (33, 6)

In einer Zeit, in der unser Denken und Fühlen stark von Ansprüchen gezeichnet sind und sich Wirtschaft und Werbung das täglich zunutze machen, wirkt dieses Wort irgendwie fremd und vielleicht für manche anstößig. Es kann von Menschen in dem Maß gelebt und als Segen erlebt werden, wie sie sich in allem von Gottes Gegenwart, Sorge und Liebe gehalten wissen und halten lassen.

Jedem wurde zugeteilt, was er nötig hatte. (Apg 4, 35)
Damit wollen wir nicht sagen, daß es ein Ansehen
der Person geben darf – was Gott verhüte –, sondern
daß man auf die verschiedenen Bedürfnisse Rücksicht
nimmt. (34, 2)

Wie nehme ich auf meine persönlichen Bedürfnisse Rücksicht? Welches Verhältnis habe ich zu meinen eigenen Bedürfnissen? Rücksichtnahme ist etwas anderes als Nachgiebigkeit. Sie ist keine Willensschwäche, sondern eine Entscheidung. Den da wichtigen Unterschied spüren wir leicht, wenn es um Rücksichtnahme auf verschiedene Menschen, auf die anderen geht.

Wer also weniger braucht, danke Gott und sei nicht traurig. (34, 3)

Nur an wenigen Stellen der Mönchsregel Benedikts ist ausdrücklich vom Gott-Loben und -Danken die Rede. Der Wochendienst in der Küche, die Erntearbeiten und diese Stelle hier sind da ganz deutlich. Die schlichte Wirklichkeit und die tägliche Erfahrung des Lebens sind Orte, an denen wir dankende, lobende Menschen werden (oder nicht werden).

Aber anders als der Mensch im Gleichnis des Evangeliums vom Pharisäer und Zöllner soll der Mönch üben, nicht sich selbst zu vergleichen und zu loben, sondern Gott zu danken und zu loben, der – nicht im gleichen Maß, sondern im nötigen Maß – allen das Notwendige zukommen lassen will.

*Wer aber mehr braucht, demütige sich wegen seiner
Armseligkeit und überhebe sich nicht, weil man auf
ihn Rücksicht nimmt. Auf diese Weise bleiben alle
Glieder [der Gemeinschaft] in Frieden. (34, 4 + 5)*

Dort, wo wir mehr brauchen als das Übliche, berühren wir unsere Grenzen. Damit umzugehen ist kein Kinderspiel. Wie stehe ich zu dem, was ich brauche? Kann ich es annehmen, ohne mich zu schämen? Kann ich mich annehmen, wie ich bin? Oder verbiege und verstecke ich mich?

Kann ich von anderen annehmen, was ich brauche und sie mir geben wollen und können? Oder bin ich vorwurfsvoll und fordernd?

Dort, wo sich jemand klein macht und verbiegt oder groß macht und aufbläht, läuft immer etwas falsch, nicht zum Frieden hin. Der Weg zum Frieden in einer Gemeinschaft führt immer über Ehrlichkeit und Demut.

Vor allem darf aus keinem Grund, in keinem Wort
und keiner Andeutung das Übel des Murrens
aufkommen. (34, 6)

Das Wörterbuch beschreibt „Murren" so:
Seine Unzufriedenheit, Auflehnung mit
brummender Stimme und in unfreundlichen
Worten zum Ausdruck bringen.
Daß man gelegentlich innere Unzufriedenheit
oder Auflehnung erleben kann und erlebt, ist
ganz normal. Es ist ein Indiz für Gesundsein,
nicht für Kranksein. Aber die innere Haltung
des Murrens ist krankmachend. Wo kommt
sie bei mir vor? Welche anderen Ausdrücke
sind mir da verfügbar oder könnte ich lernen? Ich will heute einüben, mich – wo es
akut wird – für andere Formen des Ausdrucks
zu entscheiden.

Die Brüder dienen sich gegenseitig, und keiner ist
vom Dienst in der Küche entschuldigt, außer er ist
krank oder durch eine besonders wichtige Aufgabe
beansprucht; denn dieser Dienst hat großen Lohn und
vermehrt die Liebe. (35, 1)

Jede Gemeinschaft lebt davon, daß Menschen alltägliche, unscheinbare Arbeiten tun. Benedikt geht es in diesem Abschnitt aber nicht um die Arbeit, sondern um die Haltung des Dienens. Durch sie wird das Klima im ganzen heller und freundlicher, und die Zivilisation der Liebe kann gedeihen.
Was das schlichte Dienen angeht, bin ich unvertretbar. Niemand kann mir das abnehmen. Verrichte ich die unscheinbaren Dienste gerne, freundlich? Wenn nicht: Warum nicht?

235

Den Schwachen soll man Gehilfen geben, damit sie ihren Dienst verrichten können, ohne den Mut zu verlieren. (35, 3)

Nach Benedikts Weisung sollen wir uns nicht gegenseitig das Leben und die schlichten Dienste darin abnehmen. Aber alles Zuviel ist eine Gefahr, gefährdet uns. Ich will heute niemandem seinen Dienst abnehmen. Aber ich will die anderen so achtsam anschauen, daß ich wahrnehmen kann, wo sie Hilfe brauchen. Ich will versuchen, so zu helfen, daß andere nicht den Mut verlieren – und ich auch nicht.

236

Wer den Wochendienst beendet, spricht folgenden
Vers: Gepriesen bist Du, Herr, unser Gott, weil Du
mir geholfen und mich getröstet hast.
(Ps 86, 17c)/(35, 16)

Egal, welchen Dienst wir verrichten, es
wird Momente geben, da brauchen wir
Hilfe, und andere, da brauchen wir Trost.
Und manchmal werden wir Hilfe bekommen
und manchmal Trost. Bin ich – mitten im Tun
– offen für das eine wie für das andere?
Ich will es nicht nur akzeptieren und annehmen, sondern von Gott her empfangen, der
mir so auch zeigt, daß er mich nicht allein
läßt.

237

Der Bruder, der den Dienst beginnt, spricht: Gott,
komm mir zu Hilfe; eile, Herr, mir zu helfen! (Ps 70,
2) Alle wiederholen dreimal diesen Vers; dann erhält
der Bruder den Segen und beginnt seinen Dienst.
(35, 17)

Wie beginnen wir – egal, worum es geht
–, was wir tun und zu tun haben? Beten wir, bevor wir beginnen, im Blick auf das
Anstehende?
Benedikt weist die Brüder an, nicht nur einmal, sondern dreimal zu beten.
Es ist der gleiche Gebetsruf, mit dem auch
die liturgischen Gebetszeiten begonnen werden. Wenn wir intensiv Gottes Hilfe erbitten,
sind wir empfänglich für den Segen, der in
jeder Stunde und Situation bereitliegt. Dann
werden wir einen einigermaßen guten Dienst
verrichten können.

238

Die Sorge für die Kranken steht vor und über allen Pflichten. Man soll ihnen wirklich wie Christus dienen. (36, 1)

Heute will ich um Christi willen an wenigstens einer Stelle Gott zur Hand gehen und ...

– jemandem helfen, wo er sich selbst nicht helfen kann.

– für jemanden Sorge tragen, wo er selbst nicht für sich sorgt.

– auf jemanden zugehen, der nicht auf mich zukommen kann.

– jemandem gut sein, der sich selbst nicht gut ist.

239

Der Abt soll aber sehr darum besorgt sein, daß die Kranken nicht vernachlässigt werden. (36, 10)

In Benedikts Zeit, dem sechsten Jahrhundert, war es in vielerlei Hinsicht nicht wie heute in unserer jüngsten westlichen Gegenwart um Gesundheit und Krankheit bestellt. Der Unterschied ist beachtlich und zu beachten. Wir erleben rundum neue Kulte um Gesundheit, Fitneß und Wellness, die boomen wie fast nichts anderes. Versuchen wir, die Balance zu finden und zu halten: da nichts zu vernachlässigen und ebenso nichts zu übertreiben.

240

Zwar neigt das natürliche Empfinden des Menschen schon von selbst zur Nachsicht gegenüber den Greisen und den Kindern; dennoch soll auch die Regel mit ihrem Ansehen für sie sorgen. (37, 1)

Wie ausgeprägt und gesund ist eigentlich mein natürliches Empfinden? Und was tue ich, damit es gesünder und stärker wird? Benedikt sorgt sich darum. Um welches Empfinden sorge ich mich am spontansten? Wäre da eine Korrektur angebracht?

241

*Auf ihre Schwäche [die der Greise und Kinder] soll
man immer Rücksicht nehmen; für ihre Nahrung gelte
in keiner Weise die Strenge der Regel, sondern man
nehme liebevoll Rücksicht auf sie und lasse sie schon
vor der festgesetzten Zeit essen. (37, 2 + 3)*

Die Regel und auch, was an ihr streng ist,
gilt aus gutem Grund. Aber, so sagt Benedikt selbst, es gibt auch gute Gründe, daß
das, was gilt, keine Geltung hat. Liebevolle
Rücksicht ist das Herzensauge, mit dem wir
das unterscheiden können. Sind wir diesbezüglich reif, dubezogen und frei genug?

Beim Tisch der Brüder darf die Lesung nie fehlen.
Doch soll dort nicht der Nächstbeste das Buch nehmen
und lesen, sondern der für die Woche bestimmte Leser
beginne am Sonntag. Wer den Dienst beginnt, bittet
nach den Schlußgebeten und der Kommunion alle ums
Gebet, damit Gott den Geist des Hochmutes von ihm
fernhalte. (38, 1 + 2)

Es ist alter monastischer Brauch, daß bei den Mahlzeiten vorgelesen wird und alle schweigend zuhören – im heute üblichen Zusammenleben eine eher ungewöhnliche Form. Aber das gemeinsame Zuhören und Aufnehmen von Informationen und Texten ist etwas, das von den meisten, die es so kennen, als etwas Gutes und Kostbares erlebt und als solches beibehalten wird.

Kenne ich es, daß ich mit anderen zusammen etwas lesen, anhören und aufnehmen kann?

243

Was die Brüder beim Essen und Trinken benötigen,
reichen sie sich gegenseitig, so daß keiner um etwas zu
bitten braucht. (38, 6)

Wieviel Blick habe ich im Alltäglichen für
die Menschen neben mir?
Und welchen Blick habe ich für die Menschen neben mir?
Und wie fühle ich mich im Blick der Menschen neben mir?
Was pflege ich an Gegenseitigkeit im Alltäglichen?

*War die Arbeit sehr anstrengend, so steht es im freien
Ermessen des Abtes, etwas mehr an Speise als üblich
zu gewähren, wenn es angebracht erscheint. Doch
muß vor allem Unmäßigkeit vermieden werden, und
nie darf der Mönch bis zur Übersättigung essen; denn
nichts verträgt sich so wenig mit jedem Christen wie
die Unmäßigkeit. (39, 6-8)*

Es ist nicht ein Tag wie der andere. Und
auch wir sind manchmal entspannter und
manchmal angestrengter. Dann brauchen wir
dies oder jenes mehr oder weniger. Benedikt
sieht das und will, daß es Raum bei uns bekommt. Aber es gibt eine Grenze, an der das
Nötige aufhört, gutzutun: die Unmäßigkeit.
Das gilt auf allen Ebenen. Der Umgang mit
der Nahrung ist eine davon.
Wie sind meine Erfahrungen mit Unmäßigkeit? Bei mir selbst? Bei Menschen in meinem Umfeld? Ich nehme mir Zeit, im Hinblick auf diese Erfahrungen zu beten.

245

Jeder hat seine besondere Gabe von Gott, der eine diese, der andere jene. (40, 1)

Benedikt spricht zwar hier über das Maß des Getränks, aber er spricht nicht über das Trinken, sondern über den Menschen, über die Verschiedenheit der Menschen. Auch wenn sie an einem Tisch sitzen, sie bleiben verschieden in ihren Gaben, in ihren Grenzen. Das sind erlebbarer Reichtum und Armut in einem, reicht vom Tiefsten bis zum scheinbar Selbstverständlichsten. Leben wir miteinander, ohne uns über einen Leisten zu schlagen.

Ich danke Gott für die besonderen Gaben der Menschen, mit denen ich heute lebe.

Deshalb bestimmen wir nur mit einer gewissen Ängst-
lichkeit das Maß der Nahrung für andere. Indessen
glauben wir mit Rücksicht auf die Unzulänglichkeiten
der Schwachen, daß eine Hemina Wein für jeden am
Tag reichen sollte. (40, 2 + 3)

Regeln sind im Zusammenleben von Menschen unerläßlich. Zeiten und Maße be-
dürfen der Übereinkünfte. Aber für Benedikt
gilt: Alle Ordnung soll dem Leben dienen.
Es geht primär um das Leben, nicht um die
Ordnung. Man kann sagen: Der Kompromiß
ist angesichts des Lebens in Ordnung. Soviel
Ordnung wie nötig, soviel Mensch wie möglich. Das sind Koordinaten, zwischen denen
sich ein Reifungsraum im Zusammenleben
auftut, manchmal weitet er sich, manchmal
ist er bloß wie gespannt.

Sollten jedoch die Ortsverhältnisse, Arbeit oder Som-
merhitze mehr fordern, so ist das dem Ermessen des
Oberen überlassen; doch muß er immer darauf achten,
daß nicht Sättigung oder Trunkenheit aufkommt.
(40, 5)

Habe ich gelernt, zu unterscheiden, wann etwas nötig ist? Wann etwas mehr als üblich nötig ist? Bin ich wach und frei genug, dem zu entsprechen?
Das ist das eine, um das es hier geht. Das Zweite gehört dazu: wie ich darauf reagiere und entspreche, soll angemessen sein. Angemessenheit ist niemals Maßlosigkeit. Überall, wo real oder symbolisch vorkommt, was Benedikt hier „Sättigung oder Trunkenheit" nennt, hat der Mensch sein rechtes Maß verloren und ist unfrei geworden.

*Wo es die Ortsverhältnisse mit sich bringen, daß nicht
einmal das oben angegebene Maß [an Wein] aufzu-
bringen ist, sondern weniger oder gar nichts, sollen
die Brüder, die dort wohnen, Gott preisen und nicht
murren. Vor allem mahnen wir dazu, daß man das
Murren unterlasse. (40, 8 + 9)*

Wie komme ich damit zurecht, wenn es
in irgendeiner Weise weniger gibt, als
ich brauche oder als mir zusteht?
Es ist faszinierend, wie Benedikt, der sonst
sparsam mit diesen Worten ist, davon spricht,
daß wir dann Gott preisen und nicht murren
sollten.
Wie muß der Mensch gestrickt sein, der das
kann? Was täte mir gut und was zu tun oder
zu lassen wäre hilfreich, damit ich ein bißchen mehr ein solcher Mensch werde?

*Die Hauptmahlzeit wird zur sechsten Stunde beibe-
halten, wenn Feldarbeiten zu verrichten sind oder die
Sommerhitze sehr drückend ist. Darüber entscheidet
der Abt. Er muß alles so anordnen und regeln, daß es
den Seelen zum Heil dient und die Brüder ohne Grund
zum Murren ihre Arbeit tun können. (41, 4 + 5)*

Wenn es meine Aufgabe ist, etwas zu regeln und zu organisieren, welche Ziele sind mir dabei die wichtigsten? Benedikt
geht mit der anstehenden Arbeit und allem
Nötigen sehr nüchtern um. Aber dagegen
spricht nicht, alles so zu regeln, daß es zum
Heil dient und grundsätzlich in Frieden getan
und bewältigt werden kann.
Ich beginne und übe bei mir selbst und plane
und regle meinen Tag und meine Aufgaben
heute so diszipliniert, daß es der Seele zum
Heil dient und ich ohne Murren meine Arbeit
tun kann, auch wenn sie schwer ist.

250

Die Mönche müssen das Stillschweigen immer üben,
besonders aber während der Stunden der Nacht ...
Wenn sie aus der Komplet kommen, ist es niemandem
mehr erlaubt, mit irgend jemand über irgend etwas zu
reden. (42, 1 + 8)

Die Nacht ist heute nicht mehr das, was sie damals war. Viel von unserem Lebensraum hat sich in den Abend verschoben. Fast alle Schreibtischarbeit mache ich am Abend, und auch diese Texte hier sind meistens bei Nacht geschrieben. Wenn sich die äußeren Formen geändert haben, müssen wir um so deutlich achtgeben, wie wir den Inhalt, den sie bargen, weitertragen.

Die Nacht ist Raum der Stille, Raum des Schweigens, Raum des Stillhaltens, Raum des Aushaltens – nicht nur die Nacht, aber sie von ihrer Natur her, in der das Licht abnimmt und die Farben ins Dunkel geraten.

Vielleicht sind wir keine Könner, werden vielleicht nie Meister, aber wir kommen im spirituellen Leben nicht umhin, das Stillschweigen zu üben, wirklich und konkret zu üben. Wie übe ich das? Welche Momente und Übungen gibt es da für mich?

Findet sich einer, der diese Regel des Stillschweigens übertritt, so verfalle er schwerer Strafe, außer es sei der Gäste wegen notwendig oder der Abt gebe jemandem einen Auftrag. Aber auch das soll mit größtem Ernst und würdiger Zurückhaltung geschehen. (42, 9-11)

Erst kommt die Regel, dann die Ausnahmen, so ist das bei Benedikt oft zu finden. Nur wer die Regeln kennt, wer die innere und äußere Ordnung beherzigt, kann die Unterscheidung treffen, wann und wie Ausnahmen passend sind, ohne der Willkürherrschaft von Lust , Laune und Unverläßlichkeit zu verfallen.

Welche Regeln kennt mein tägliches und spirituelles Leben so tief?

Welche Ausnahmen kenne ich? Was macht sie zu Ausnahmen?

252

Sobald man zur Stunde des göttlichen Dienstes das Zeichen hört, lasse man alles liegen, was man in den Händen hat, und komme in größter Eile herbei, jedoch mit Ernst, um keinen Anlaß zur Leichtfertigkeit zu geben. (43, 1 + 2)

Hand aufs Herz! Für wen oder was bin ich bereit, alles liegen- oder stehenzulassen, ohne lange zu überlegen und ohne zu zögern? Was immer es ist, ich schaue es an. Es ist das Zeichen, das mich ruft. Es ist Vorgeschmack. Es ist die Einladung auf eine wichtige Brücke in meinem Leben.

253

Man soll also dem Gottesdienst nichts vorziehen.
(43, 3)

Ich stelle eine Prioritätenliste mit drei oder vier Rängen zusammen. Was kann ich da einsetzen und ablesen, wenn ich
– auf mein bisheriges Leben sehe?
– auf die letzten zwei Jahre sehe?
– auf den vergangenen Tag sehe?
Will ich Benedikts Weisung annehmen und ihr Raum geben? Welche Akzente sollte ich dann anders setzen?

254

Wer zur Feier der nächtlichen Vigil erst nach dem
„Ehre sei dem Vater" kommt ... stehe am allerletzten
Platz oder für sich allein ... Dort bleibt er, bis er nach
dem Gottesdienst durch öffentliche Genugtuung Buße
getan hat. (43, 4-6)

Welche Zeichen haben wir in unseren gemeinschaftlichen und sozialen Beziehungen, um auszudrücken, einander zu zeigen, daß wir einen Fehler gemacht haben, daß wir das Miteinander gestört oder vernachlässigt haben, daß wir uns dessen bewußt sind und daß es uns darum leid ist? Zu allen Zeiten, an allen Orten sind solche Zeichen wichtig und dürfen nicht vergessen werden. Was tun wir, wenn ...?

255

Daß sie aber am letzten Platz stehen sollen, haben wir deshalb bestimmt, damit sie von allen gesehen werden und sich wenigstens unter dem Eindruck der Beschämung bessern. Denn wenn sie außerhalb ... bleiben, wird vielleicht manch einer sich wieder hinlegen und schlafen oder sich draußen hinsetzen und die Zeit verplaudern; dadurch würde dem Bösen Gelegenheit gegeben. (43, 8)

Es wäre nicht ausreichend, hier von sozialer Kontrolle zu sprechen, das ginge nicht weit genug. Sicher hilft sie dabei, die gemeinsam geschätzten Werte nicht geringzuachten. Aber wenn wir um die Schwächen und allerlei Unaufgeräumtes im Menschen wissen und Menschen trotzdem in ihrer ganzen Art einbeziehen wollen, müssen wir lernen, Schutzzäune zu setzen, und offen, klar und einfach damit umgehen, damit – wie Benedikt sagt – „dem Bösen keine Gelegenheit" gegeben wird.

Wie die Ausgeschlossenen Genugtuung leisten. Wenn
er vom Abt gerufen wird, kommt er und wirft sich dem
Abt und allen zu Füßen, damit sie für ihn beten. Wenn
der Abt es dann befiehlt, wird er in den Chor aufge-
nommen oder an den Platz, den der Abt bestimmt.
Doch darf er im Oratorium keinen Psalm und keine
Lesung noch sonst etwas vortragen ohne neue Erlaub-
nis des Abtes. (44, 4-6)

Wir brauchen Formen und Rituale, vor-
gefügte Bahnen langsamer, neuer Annäherung, in denen wir uns ausdrücken und
verständigen können, sonst verarmt unser
Miteinander. Wenn die Rituale des sechsten
Jahrhunderts auch nicht mehr unsere sind,
sollten sie doch mindestens unser kreatives
Potential in Bewegung bringen können, damit wir unsere Formen suchen.

257

Wer beim Vortrag eines Psalms, eines Responsoriums,
einer Antiphon oder Lesung einen Fehler macht und
sich nicht an Ort und Stelle vor allen verdemütigt und
Genugtuung leistet, verfällt einer schwereren Strafe.
Er wollte ja nicht in Demut gutmachen, was er durch
Nachlässigkeit verschuldet hat. (45, 1 + 2)

Auf der einen Seite sind Fehler unvermeidlich, auf der anderen Seite: Es bleiben
Fehler. Das gemeinsame Gebet ist ein Ort, an
dem das besonders sensibel geschieht und irgendwie ausgelitten werden muß.
Nachlässigkeiten dürfen sich dort nicht breit-
machen.
Aber wenn sie geschehen, hilft nur Demut
weiter – dem, der den Fehler gemacht hat,
und auch dem, der ihn ertragen muß. Alles
andere, jeder Anflug von Trotz, Stolz und Ur-
teil würde uns den Zugang zu Heiligen au-
genblicklich vermauern, und alles wäre ver-
geblich.

Wer bei irgendeiner Arbeit in der Küche, im Vorrats-
raum, beim Tischdienst, in der Bäckerei, im Garten,
bei der Ausübung eines Handwerks oder sonstwo einen
Fehler macht oder etwas zerbricht oder verliert oder sich
irgendwo etwas anderes zuschulden kommen läßt und
nicht unverzüglich kommt und von sich aus vor dem Abt
und der Klostergemeinde Genugtuung leistet und seinen
Fehler bekennt, verfällt einer schwereren Strafe, wenn
der Fehler durch einen anderen bekannt wird. (46, 1-4)

Ich bin im ganzen verantwortlich. Ich habe
die Verantwortung für mich selbst und auch
für die mir anvertrauten Aufgaben und Dinge
übernommen. Dazu will ich stehen und mich
nicht verstecken und verbergen, auch wenn
immer wieder etwas nicht gelingt oder zu
Bruch geht.
Wie lebe ich Verantwortlichkeit und Transparenz mit den Menschen in meinem Umfeld?
Wo sind diesbezüglich meine Schwachstellen? Ich will sie ehrlich ansehen und durch
sie hindurch weiterwachsen.

259

*Handelt es sich aber um eine verborgene Sünde
der Seele, so offenbare er sie nur dem Abt oder den
geistlichen Vätern, die es verstehen, eigene und
fremde Wunden zu heilen, ohne sie aufzudecken und
bekanntzumachen. (46, 5 + 6)*

Verantwortung und Transparenz, das
heißt nicht, über alles überall zu reden,
sondern es heißt, Geschehenes nicht zu ver-
heimlichen. – Es gibt aber vieles, das nicht
direkt sichtbar ist und doch stark wirkt.
Schwärende Wunden sind wie Giftherde
im eigenen Leben und im Ganzen. Will ich
Heilung? Oder will ich nur ein bißchen Er-
leichterung? Wenn ich Heilung will, muß ich
wagen, die Wunde zu öffnen. Dieses Öffnen
ist das Gegenteil von Sie-bekannt-Machen,
es geht nur im stillen. Kenne ich jemanden,
den ich darum bitten könnte, sie mit mir offen anzusehen, damit ich und wir etwas hei-
ler werden können?

260

Es ist die Sorge des Abtes, die Zeit zum Gottesdienst bei Tag und Nacht anzuzeigen; das tut er entweder selbst, oder er überträgt die Sorge dafür einem pünktlichen Bruder, damit alles zur richtigen Zeit geschehen kann. (47, 1)

Heute hat jede von uns ihren eigenen Wekker und über Tag ihre eigene Uhr. Aber wenn es mit der Glocke zu den gemeinsamen Gebetszeiten läutet, wissen wir instinktiv, daß es wichtig ist, daß wir einander anzeigen: Es ist wieder Zeit, zusammen zu beten. Das anzuzeigen – regelmäßig, immer wieder und verläßlich – ist so wichtig, daß Benedikt es der Sorge des Abtes anvertraut. Alles soll zur richtigen Zeit geschehen können.

Wenn ich nicht im Kloster lebe, wie spüre ich und von wem lasse ich mir anzeigen, daß es wieder Zeit ist? Bin ich da sorgsam, oder lasse ich es eben laufen, wie es läuft?

261

Müßiggang ist ein Feind der Seele. (48, 1)

Muße und Müßiggang sind so verschieden voneinander wie Arbeit und Arbeitswut.

Welche Erfahrungen machte ich bisher mit dem, was diese vier Begriffe benennen? Und wo liegen die besonderen Gefährdungen in meinem Temperament? Wenn ich dem Müßiggang (wie auch der Arbeitswut) nachgebe, gebe ich, wie Benedikt sagt, dem Feind meiner Seele nach.

Müßiggang ist aller Laster Anfang, sagt ein Sprichwort. Muße aber, so sagt es das Wörterbuch, heißt: freie Zeit und innere Ruhe haben, um etwas zu tun, was den eigenen Interessen entspricht.

Deshalb sollen sich die Brüder zu bestimmten Zeiten mit Handarbeit, zu bestimmten Stunden dagegen mit heiliger Lesung beschäftigen. (48, 1)

Es gibt lebensfeindliche und lebensfreundliche Muster und Rhythmen. Nicht immer haben wir die Wahl. Aber immer haben wir mindestens in einem Teil einen Spielraum und darin eine Wahl. Wenn ich auf diesen Spielraum in meinem Alltag sehe: Welche Tendenz hat meine Wahl? Was tue ich? Was lasse ich? Womit beschäftige ich mich?

263

*Wir glauben also, daß durch folgende Ordnung die
Zeit für beides geregelt werden kann: Gebet ... Arbeit
... Lesung ... Ruhen ... (48, 2-6)*

Gebet, Arbeit, Lesung – das sind die drei
Grundakkorde, die die ganze Melodie
des monastischen Lebens und Gottsuchens
tragen, dazwischen das Ruhen des Mittags
und auch in der Nacht genug Ruhe, um ausgeruht wieder zu beginnen. Welches sind die
Grundakkorde in meinem täglichen Leben?
Benedikt will einen ausgewogenen Lebensstil in
seinem Kloster. Das ist für uns heute ein hoch-
aktuelles Schlüsselwort. Ausgewogenheit heißt,
die Balance zwischen den verschiedenen Kräften, Gewichten und Bewegungen zu halten.
Aber Balance ist keine Steifheit oder Starre, das
Schwanken und Ausbalancieren gehört zu ihrem Wesen. Wenn ich mich für eine Grundord-
nung entschieden habe, die Grundakkorde noch
klingen und keiner kontinuierlich vernachlässigt
wird, braucht mir vor dem Schwanken nicht
bange werden. Nur achtgeben muß ich dann.

*Wenn die Brüder jedoch wegen der Ortsverhältnisse
oder infolge ihrer Armut die Ernte selbst einbringen
müssen, dürfen sie nicht verdrossen sein; denn erst
dann sind sie wirklich Mönche, wenn sie von der
Arbeit ihrer Hände leben, wie unsere Väter und die
Apostel. (48, 7 + 8)*

Arbeit, auch Handarbeit, gehört ins Konzept monastischen Lebens. Aber oft wird anderes zu tun anstehen, als einer gerne tun möchte. Benedikt rät, das Nötige zu tun, wie es ansteht, ohne groß auszusuchen und ohne darüber verdrossen zu sein.

Manchmal erledigt jemand eine Arbeit verdrießlich, eine andere vergnüglich. Das kann sein, aber es täte gut, davon auch unabhängig und frei zu werden und zu einem Gleichmut zu finden, der mich das Leben annehmen läßt, wie es sich denn darstellt.

Ich will einmal darauf achten, was mich verdrossen macht, wenn es einmal vorkommt – aber nicht länger als zehn Minuten, um ihm nicht mehr Wichtigkeit zukommen zu lassen, als guttut.

*Für die Tage der Fastenzeit erhält jeder aus der Biblio-
thek ein Buch, das er von Anfang bis Ende ganz lesen
soll. (48, 16)*

Dem Lesen, vor allem dem Lesen der biblischen Bücher und der Kirchen- und
Mönchsväter kommt bei Benedikt eine große Bedeutung zu. Das konzentrierte und be-
tende Lesen und Textstudium gehören für
ihn unbedingt dazu, jeden Tag.
Wie ist mein Lesen? Ist es schnell, flüchtig,
diagonal? Ist es wortweise, abschnittsweise
und aufmerksam? Wann kam mir zuletzt ein
Text nahe? Woran lag das?
Vielleicht wäre es hilfreich, wieder einmal lesen zu üben.

*Auch am Sonntag sollen sich alle der Lesung widmen,
mit Ausnahme von denen, die für die verschiedenen
Dienste bestimmt sind. Ist aber einer so nachlässig und
träge, daß er nicht üben oder lesen will oder dazu nicht
imstande ist, so weise man ihm eine Arbeit zu, die er
tun soll, damit er nicht untätig ist. (48, 22-23)*

Die geistliche Lesung, die Lectio Divina,
gehört unverzichtbar jeden Tag dazu,
werktags wie sonntags. Aber es gibt dabei,
wie bei den anderen Grundakkorden in der
benediktinischen Lebensordnung auch, kein
Einheitsmaß. Das Maß ist von Mensch zu
Mensch recht unterschiedlich.
Aber Benedikt ist wirklich weise. Er sagt
nicht: Wenn Du das nicht so lange kannst,
dann tu nichts. Sondern er sagt: Dann tue
etwas anderes! Aber sei nicht träge, verliere
Dich nicht!

267

Den kranken oder schwächlichen Brüdern soll man
eine geeignete Arbeit oder Beschäftigung zuweisen,
damit sie nicht müßig sind und auch nicht durch die
Last der Arbeit erdrückt oder zum Fortgehen veranlaßt
werden. Der Abt muß auf ihre Schwäche Rücksicht
nehmen. (48, 24 + 25)

Jeder trägt für sich die Verantwortung, sich
um Ausgewogenheit zu bemühen und die
Balance zu halten. Aber wir sind auch gegenseitig verantwortlich, daß wir uns – wo nötig
– helfen, den Raum und die Anforderung zu
finden, die jemand braucht. Keiner soll her-
umhängen, keiner soll erdrückt werden und
den Mut verlieren. Im Fall der Schwäche und
in jedem Zweifelsfall gilt es, Rücksicht zu
nehmen.
Bin ich in diesem Sinne hilfsbereit?
Und bin ich auch bereit, die Hilfe anzunehmen, die ich brauche?

268

Eigentlich soll der Mönch die ganze Zeit seines Lebens als österliche Bußzeit verbringen. (49, 1)

Die Übersetzungen sagen „österliche Bußzeit" oder „Fastenzeit", Benedikt sagt „Quadragesima", das ist die altkirchliche 40-tägige Vorbereitungszeit auf Ostern.
Weil Ostern wahr, Christus auferstanden ist und lebt, dürfen wir unser ganzes Leben vor einem österlichen Horizont leben, von dem her Jesus ruft, wie er es schon am Anfang seiner Predigt tat: „Die Zeit ist erfüllt, das Reich Gottes ist nahe. Kehrt um und glaubt an das Evangelium." (Mk 1, 15)
Umkehr gehört zu den alltäglichen Grundbewegungen der Christen. Aber ich – wann kehrte ich zuletzt um, wann bin ich in diese Grundbewegung mit meinem wirklichen Leben (dem ja das Evangelium gilt) eingeschwungen?

Da jedoch nur wenige die Kraft dazu haben, so empfehlen wir, man soll wenigstens während dieser Tage der Fastenzeit sein Leben ganz rein bewahren und zugleich alle Nachlässigkeiten der anderen Zeiten während dieser heiligen Tage sühnen. (49, 2 + 3)

Umkehr als Grundbewegung. Wenn ich aus dieser Bewegung herausgefallen bin und die inneren und äußeren Glieder steif geworden sind, ist die Fastenzeit die ideale Zeit, um neu zu üben. Denn da kann ich nicht nur mit meinem ganzen Leben, sondern auch mit der ganzen Kirche weltweit üben.

Schaue ich hin und sehe, was ich vernachlässigt habe, was verstaubt und verschmutzt ist, wo alles nur noch läuft, ohne sich innerlich zu bewegen? Ich will zulassen, daß mir das leid ist. Eine schon geringe Kursabweichung lange fortgeführt, kann weit aus der Richtung bringen und mich Gott, dem Leben und mir selbst entfremden.

270

Das geschieht dann in angemessener Weise, wenn
wir uns vor allen Fehlern hüten, uns dem Gebet mit
Tränen, der Lesung, der Zerknirschung des Herzens
und der Entsagung hingeben. (49, 4)

Benedikt nennt einige Weisen, wie wir wieder in die Grundbewegung einschwingen können. Das Gebet der Tränen und die Zerknirschung des Herzens gehören im alten Strom spiritueller Tradition zu den kostbaren Perlen. Das bleibt so, auch wenn viele diese Perlen noch nie in der eigenen Hand hielten. Darum soll es hier stehen: Es sind Perlen, und es gibt sie. Diese Tränen sind nicht Untergang in Verzweiflung, sondern Zugang zu einem tiefen Brunnen ...
Wie ist das bei mir? Wann weine ich? Worüber? Habe ich schon vor Freude, vor Glück, aus Liebe geweint? Kenne ich in meinem Beten Tränen? Zerknirschung des Herzens? Wenn nicht, was verstehe ich darunter? Ob ich das Richtige verstehe? Es geht um echte Perlen.

Während dieser Tage sollen wir also zu unserer ge-
wöhnlichen Dienstleistung etwas hinzufügen: beson-
dere Gebete, Verzichte beim Essen und Trinken. Ein
jeder soll also von sich aus über das ihm bestimmte
Maß hinaus in der Freude des Heiligen Geistes (vgl.
1 Thess 1, 6) Gott etwas als Opfer darbringen ...
(49, 5 + 6)

Rein menschlich schon gilt: Nichts wächst
bis zur Reife, ohne daß wir lernen und
bereit sind zu verzichten. Die mir gebotenen
Möglichkeiten sind nicht dazu gegeben, daß
ich sie alle „erschöpfe", ich muß nicht – wenn
ich sterbe – alles ausgegeben und ausgelebt
haben, was in mir steckt. Verzichten bezieht
alle menschlichen Ebenen ein, es geht nicht
zuerst um „weniger Material", sondern um
„mehr Haltung", aber das immer konkret.

*Er entziehe seinem Leib etwas an Essen, Trinken,
Schlafen, Reden, Scherzen und harre in Freude und
Sehnsucht des Geistes dem heiligen Osterfest entge-
gen. (49, 7)*

Christlicher Verzicht ist nicht Ausdruck
einer seelischen Verkrümmung, sondern
eines Freigewordenseins, weil die Freude des
Heiligen Geistes einen ergriffen hat, so daß
man das nie mehr ganz vergessen kann.
Es gibt eine Erwartung, die hellwach macht
...
Es gibt eine Sehnsucht, die sich durch nichts
beschwichtigen läßt ...
Es gibt eine Freude, die durch nichts abge-
lenkt wird (wie die Magnetnadel im Kompaß
immer Richtung Nordpol zeigt) ...
Es gibt ein Warten, dem alles andere bald zuviel wird ...

273

Was aber jeder als Opfer darbringt, muß er seinem
Abt unterbreiten, damit es mit seinem Gebet und seiner
Zustimmung geschieht; denn was ohne Erlaubnis des
geistlichen Vaters geschieht, gilt als Anmaßung und
eitle Ruhmsucht, nicht als Verdienst. (49, 8)

Wie Benedikt über die Fastenzeit schreibt,
zeigt, daß er Menschen im Sinn hat,
die glühend Mensch sind, auf Gott bezogen,
oder die sich wieder neu entflammen lassen,
falls die Glut erloschen sein sollte. Zu solchen Menschen sagt Benedikt noch einmal:
Gib acht, mache, was Du machst, bloß nicht
im Alleingang, Du bist viel zu gefährdet, aus
Lust am Brennen zu brennen, am eigenen
Glühen Dich selbst zu wärmen. Tu das nicht,
es würde Dir nur schaden. Das soll nicht geschehen, das will Gott nicht.

Brüder, die sehr weit bei der Arbeit sind und nicht rechtzeitig zum Oratorium kommen können ... sollen den Gottesdienst dort halten, wo sie arbeiten, und ... die festgesetzten Gebetsstunden nicht übergehen, sondern sie für sich halten, so gut sie können, und nicht versäumen, den schuldigen Dienst zu leisten. (50, 1-4)

Normalerweise findet der Gottesdienst der Mönche im Kloster statt, das hat hohe Priorität. Wenn das aber nicht geht, weil der Mönch nicht da ist? Das gab es und gibt es immer wieder. Dann darf sich der Mensch, egal wo er ist, nicht von den Quellen trennen und nicht vom Gebet – egal wo.

Immer: die Ehrfurcht. – Wenn möglich: das Knie beugen. – Nie: die Zeit des Betens übergehen. – Immer: beten, so gut ich kann, in der Realität, die zu leben mir aufgegeben ist.

275

Wer zu irgendwelcher Besorgung hinausgeschickt und noch am gleichen Tag im Kloster zurückerwartet wird, darf sich nicht erlauben, draußen zu essen, auch wenn er dringend von jemandem gebeten wird. (51, 1)

Was Benedikt aus seinem Kontext heraus hier schreibt, klingt unter dem Aspekt heutiger Umgangsformen zunächst befremdlich. Aber unter den Formen liegt etwas, das über die Zeiten und Formen hinweg wichtig bleibt. Versuchen wir, es zu formulieren:

– Suche nicht den Umweg, sondern den möglichst direkten Weg.
– Halte dich nicht unnötig auf, lungere nicht herum, bleibe zielstrebig.
– Vergiß nie, was du leben willst, flirte nicht mit anderen Lebensweisen.
– Finde Formen, die heute ausdrücken und zeigen, daß du immer und überall ein Mensch bist, der am allermeisten und in der Gemeinschaft Deiner Brüder und Schwestern gerne Gott gehört.

Das Oratorium soll sein, was sein Name besagt: Haus des Gebetes, und nichts anderes soll dort getan oder aufbewahrt werden. Nach dem Gottesdienst gehen alle in tiefstem Schweigen hinaus; man erweist Gott die schuldige Ehrfurcht. (52, 1 + 2)

Als ich vor 30 Jahren zum ersten Mal in die Kirche unseres Klosters kam, spürte ich, wie sehr dieser Ort ein Ort des Gebets war, und mir ging eine Ahnung davon auf, was dort wohl alles im Laufe von Jahrzehnten durchbetet und gerungen wurde. Orte dieser Art haben eine Stille und Dichte, die man nicht selbst erzeugen kann und nicht durch unangemessenes Verhalten verletzen darf. Sie haben viel Raum und Bodenfläche und eine Offenheit zum Himmel. Das Geheimnis wohnt darin, das lebendige Heilige, der beziehungsvolle Gott.

Kenne ich solche Orte? Wo ist einer in meiner Nähe? Ich will bald einmal dort hingehen und in ihm still sein.

*So wird ein Bruder, der allein für sich beten will, nicht
durch das rücksichtslose Verhalten eines anderen
daran gehindert. (52, 3)*

Einen betenden Menschen soll man nicht
stören und hindern, denn in ihm verbinden sich Himmel und Erde, Schöpfergott und
Menschengeschöpf, der Erlöser und der Sünder. Ein betender Mensch ist immer ein Segen für die Erde. Um dieses Menschen und
der ganzen Erde willen will ich darauf Rücksicht nehmen.

Wenn aber zu anderen Zeiten einer still für sich beten will, so trete er einfach ein und bete, nicht mit lauter Stimme, sondern unter Tränen und mit Inbrunst des Herzens. (52, 4)

Bin ich sensibel genug, zu spüren, wenn es mich innerlich leise zum Gebet drängt? Gebe ich dem dann Raum oder schiebe ich es beiseite?

Sind der Raum des Gebets und die innere Kammer des Betens mir so vertraut, daß ich einfach hineingehe? Möchte ich, daß sie das werden?

Kann ich im Geheimnisraum des Betens einfach die Person sein, die ich bin, und mein ganzes Wesen in einem intensiven Gottesgewahrsein still werden lassen?

279

Alle Gäste, die kommen, sollen wie Christus aufge-
nommen werden; denn er wird einmal sagen: „Ich war
Gast, und Ihr habet mich aufgenommen."
(Mt 25, 35)/(53, 1)

Wenn jemand kommt, bin ich dann still und offen genug, daß er/sie ankommen kann ... wenigstens meistens?

Oder fühle ich mich eher gestört, wenn ein Gast kommt?

Oder warte ich auf Gäste wie auf eine Ablenkung von mir selbst?

Oder sehe ich in ihnen einen Menschen, der wieder etwas von mir will?

Oder sehe ich da einen Menschen, der mir etwas bringen kann und soll?

Benedikt sagt, im Gast nehmen wir Christus auf.

Vor allem Tun ist meine Empfänglichkeit gefragt.

*Sobald ein Gast gemeldet ist, sollen ihm der Obere
und die Brüder mit aller Freundlichkeit entgegengehen,
wie es die Liebe verlangt. (53, 3)*

Allen, die kommen, entgegengehen.
Allen, die kommen, freundlich entge-
gensehen.
Sie freundlich ansehen, wie es die Liebe ver-
langt.
Sich die Menschen nicht aussuchen.
Wie muß ich innerlich sein, damit ich den
Menschen heute entgegenkommend begeg-
nen kann?

281

Bei der Begrüßung behandle man alle Gäste mit gro-
ßer Bescheidenheit; man neigt den Kopf oder wirft sich
ganz zur Erde nieder, um in den Gästen Christus zu
verehren, den man ja tatsächlich aufnimmt. (53, 6)

Im lateinischen Text steht an dieser Stelle
„adorare" – „anbeten". Ein einziges Mal
verwendet Benedikt dieses Wort in seiner
Regel, und zwar nicht in einem Kapitel zur
Liturgie, sondern hier, wo es um den Menschen geht, der ankommt. Von diesem Menschen läßt Christus selbst sich repräsentie-
ren. Im Menschen, der kommt, berührt mich
die Präsenz Christi. Gastfreundschaft ist ein
Ausdruck der Anbetung. Wie begegne ich
dieser Wirklichkeit? Benedikt sagt: Begegne
ihr mit großer Bescheidenheit, in deiner ganzen leiblich-seelischen Wirklichkeit, neige
dich davor.

*Nach der Aufnahme führt man den Gast zum Gebet;
dann setzt sich der Obere zu ihm oder ein Bruder, den
er beauftragt hat. Man liest dem Gast zur Erbauung
aus dem göttlichen Gesetz vor. Dann soll man ihn sehr
freundlich bewirten. Der Obere breche des Gastes
wegen das Fasten ... (53, 8-10)*

Wenn unser Begegnen nur noch die Bewirtung kennt, sind wir im Vergleich zu Benedikt verarmt. Aber immerhin, aufmerksam und freundlich zu bewirten, das ist schon etwas. Aber trennen wir nie den Leib von der Seele. Wagen wir heute, aufs neue zu teilen, was uns Leben und Glauben schenken: Gottes Wort und das Gebet, im realen Begegnen von heutigen Menschen – irgendwie. Dann wird unter uns existentiell die Wirklichkeit lebendig, die so kostbar ist, daß Benedikt dafür das Fasten brechen läßt.

Der Abt und ebenso die ganze Klostergemeinde waschen allen Gästen die Füße. Nach der Fußwaschung spricht man den Vers: „Gott, wir haben Deine Barmherzigkeit aufgenommen inmitten Deines Tempels."
(Ps 48, 10)/(53, 13 + 14)

Das Kloster ist „Haus Gottes", sagt Benedikt. Paulus schreibt: „Ihr seid Gottes Tempel, und der Geist Gottes wohnt in Euch." (1 Kor 3, 16-17)

Den Begrüßungsritus der Fußwaschung kennt die heutige Kultur nicht mehr. Wir wissen wohl noch, daß Jesus das an seinen Jüngern beim Abendmahl tat. Wenn wir diese Form nicht mehr pflegen, welche gute Form haben wir? Wir brauchen eine gute Weise, die Barmherzigkeit Gottes aufzunehmen. Wir brauchen ein zunehmend gutes Gespür dafür, die Barmherzigkeit Gottes wahrzunehmen …

*Ganz besondere Aufmerksamkeit soll man der
Aufnahme von Armen und Pilgern schenken; denn in
ihnen wird viel mehr als in anderen Christus aufgenommen. Die Reichen dagegen sorgen schon durch
ihr herrisches Auftreten dafür, daß sie geehrt werden.
(53,15)*

Aufmerksamkeit und Aufnehmen, das
sind die Schlüsselwörter benediktinischer Gastfreundschaft. Der Bruder und die
Schwester sind selbst Menschen, die aufgenommen wurden – aufgenommen in die Gemeinschaft – und die Gott bei ihrer Profeß
baten: „Nimm mich auf ..." Solange mein
Aufnehmen und Aufmerksamsein ein Echo
darauf bleibt, werde ich nicht so gefährdet
sein, falsche Ehre zu erweisen, werde ich
immer fähiger, in guter Weise Respekt zu
verschenken.

285

Abt und Gäste sollen eine eigene Küche haben, damit
die Gäste, die zu unbestimmten Zeiten kommen und
dem Kloster nie fehlen, die Brüder nicht stören ...
Mit den Gästen darf niemand ohne Erlaubnis reden.
Wer ihnen begegnet, soll sie bescheiden grüßen, sie um
den Segen bitten und mit dem Bemerken weitergehen,
es sei ihm nicht gestattet, mit den Gästen zu reden.
(53, 16 + 23 + 24)

Abstand und Nähe, das sind für viele Menschen schwierige Stichwörter, und sich darin gut einzuüben ist kein Kinderspiel. Es ist eine Herausforderung an jede Person und jede Gemeinschaft. Das braucht immer wieder neu Gespür, Geduld mit sich und anderen, Bereitschaft und Korrektur. Aber es ist auch die immer neue Chance, daß die Balance, die wir halten wollen, lebendig bleibt und wir wach und beweglich bleiben. Das will ich mir, das wollen wir uns – um Gottes willen – nicht ersparen!

*Was die Gastwohnung betrifft, so werde sie einem
Bruder anvertraut, dessen Seele von Gottesfurcht
erfüllt ist. Es sollen dort Betten in genügender Anzahl
bereitgestellt sein. Und das Haus Gottes soll von Weisen und weise verwaltet werden. (53, 21 + 22)*

Ein Kloster soll ein Ort der Stille und des
Gebetes sein, ein Ort der Konzentration
und der Sammlung. Das zuerst. Aber dann
auch ein Ort, an dem genügend Raum bereitgestellt wird, für die, die dorthin kommen.
In gewissem Maß gilt, was hier für das Kloster gesagt ist, von jedem Menschen und
seiner Seelenburg (wie Teresa von Avila sie
nennt).
Um mit beiden Gütern recht umzugehen und
das Maß zu finden, müssen wir uns bereit
finden, weise zu werden und in tausend oder
mehr Variationen, die sich ergeben, die Unterscheidung zu lernen. Was könnte es sein,
das ich heute zu unterscheiden habe?

Es ist den Mönchen durchaus nicht gestattet, von ihren Eltern oder sonst jemandem, noch auch voneinander ohne Erlaubnis des Abtes Briefe oder sonst kleine Geschenke anzunehmen oder zu geben. (54, 1)

Menschen im Kloster kommen aus mitunter sehr verschiedenen Verhältnissen. So sehr diese auch prägen, es geht im Kloster doch um neue Verhältnisse und um das Einüben in eine neue Verhältnismäßigkeit. Es ist praktisch keine geringe Kunst, sich immer wieder freizuhalten und freizumachen. Die Empfänglichkeit, von der im vergangenen Kapitel die Rede war, braucht lebensnotwendig, daß wir uns hüten, daß wir immer neu frei werden und nicht etwas annehmen, wie es uns selbst und dem ganzen verletzlichen Gefüge schaden könnte.

Man gibt den Brüdern Kleider, die der Lage und dem Klima des Wohnortes entsprechen; denn in kalten Gegenden braucht man mehr, in warmen weniger. Es ist also Sache des Abtes, darauf Rücksicht zu nehmen. Nach unserer Ansicht genügen jedoch in einer Gegend mit gemäßigtem Klima für jeden Mönch eine Kukulle und eine Tunika – eine dichtwollene im Winter, eine leichte oder abgetragene im Sommer –, dazu ein Skapulier für die Arbeit; als Fußbekleidung Schuhe und Sandalen. Über die Farbe oder den groben Stoff all dieser Sachen sollen sich die Brüder keine Sorgen machen, man nehme das, was in der betreffenden Gegend zu finden oder was billiger zu haben ist. (55, 1-7)

Es ist keine Frage, daß Kleidung zu allen Zeiten und in allen Kulturen ein Thema ist. Es ist nur die Frage, wie wir mit diesem Thema umgehen. – Bei allen regionalen Verschiedenheiten haben sich die Ortsverhältnisse Benedikts längst zu (meist kraß profitorientierten) Weltverhältnissen verflochten und verstrickt, ganze Industrien drehen sich darum. – Benedikt gibt uns in diesem Kapitel einige Stichwörter, an denen wir unser Umgehen mit der Kleidung praktisch orientieren können: Genügend – alles Nötige – passend – einfach – nicht zuviel – nichts Überflüssiges. Paßt, wie ich mich verhalte, in diesen Zusammenhang? Wo sind Überhänge? Welche?

Wenn sich bei einem etwas findet, das er nicht vom Abt erhalten hat, dann treffe ihn eine schwere Strafe. Damit aber dieses Laster des Sonderbesitzes mit der Wurzel ausgerottet wird, soll der Abt alles geben, was man braucht, nämlich: Kukulle, Tunika, Schuhe, Sandalen, Gürtel, Messer, Griffel, Nadel, Taschentuch, Schreibtafel, so daß keiner vorgeben kann, es habe ihm etwas Notwendiges gefehlt. Doch muß der Abt immer den Satz der Apostelgeschichte bedenken: Jedem wurde zugeteilt, was er nötig hatte. (Apg 4, 35) So muß auch der Abt auf die Schwächen der Bedürftigen Rücksicht nehmen, nicht auf die Mißgunst der Neider. (55, 17-21)

Wer innerlich „friert", sucht sich manchmal äußerlich „warm zu halten" und versucht, innere Dinge, die fehlen, durch äußere zu ersetzen. Da wir immer bedürftige Menschen sind, bleibt die Spannung in jedem und jeder Gemeinschaft erhalten: alles Nötige – der Sonderbesitz.

Wenn ich da nicht wach meinen Weg gehe, droht die Situation zu kippen, die Sache gleitet ab. Wachheit und Transparenz sind hier unverzichtbare Hilfen, zu denen wir uns auch gegenseitig Mut machen sollten.

Es geht nicht um das immer Richtige, das Optimale, sondern um die richtige Richtung.

*Der Abt soll immer mit den Gästen und Pilgern essen.
Sooft aber keine Gäste da sind, steht es ihm frei, von
den Brüdern einzuladen, wen er will. Doch soll er
der Ordnung halber immer einen oder zwei von den
Älteren bei den Brüdern lassen. (56)*

Was die klösterliche Praxis angeht, ist dieses Kapitel kein Thema mehr für heutige Gemeinschaften. Aber es gibt einen Punkt, da bleibt Benedikts Wort eine Anfrage an mich: Kennt meine Weise von Gastfreundschaft ein solches Engagement wie Benedikt, dem sie so kostbar und wesentlich ist, daß der Abt seine Mahlzeit mit den Gästen und Pilgern teilt?

Sind Handwerker im Kloster, so sollen sie in aller
Demut ihr Handwerk ausüben, wenn der Abt es
ihnen erlaubt. Wenn einer von ihnen auf sein hand-
werkliches Können stolz ist, weil er sich einbildet,
dem Kloster zu nützen, dann soll man ihn von seinem
Handwerk wegnehmen und ihn erst wieder darin ar-
beiten lassen, wenn er sich demütig zeigt und der Abt
ihn wieder beauftragt. (57, 1-3)

Talente sind Talente, Geschenke Gottes an
einen Menschen. Sie sind ebenso Gabe
wie Aufgabe. Die Aufgabe aber liegt nicht
nur im Können der Sache, des Handwerks,
der Kunst. Sie liegt noch wesentlicher darin,
mit diesen Gaben personal und spirituell zu
reifen und damit zu dienen.

Kann ich, was ich kann, einfach einbringen,
selbstverständlich und natürlich? Oder bilde
ich mir gerne etwas ein? Oder neige ich dazu,
mich darzustellen?

Dann sollte ich besser eine Weile auf die
„Werkzeuge" verzichten, die ich dabei gebrauche. Dann sollte ich mich wach und
angstfrei besser eine Weile nur dort einbringen, wo das keine Gefahr darstellt, und das
schlichte Mittun üben. Der Leuchtkraft eines
Talents tut es keinen Abbruch, wenn es aus
diesem Grund ein wenig ruht.

Ist von den Arbeiten der Handwerker etwas zu
verkaufen, dann dürfen sich jene, die den Han-
del abschließen, keinen Betrug erlauben ... Bei der
Festsetzung des Preises darf sich nicht das Laster der
Habsucht einschleichen. Man soll im Gegenteil immer
etwas billiger verkaufen, als es Weltleute tun können,
damit in allem Gott verherrlicht werde.
(1 Petr 4, 11)/(57, 4 + 7-9)

Das Wort aus dem ersten Petrusbrief ist
das Schlüsselwort. Mit ihm ordnet sich
das Handeln in eine gute Richtung ein. Mit
den Kräften des freien Marktes und Wirt-
schaftens oder mit Dumpingpreisen hat das
nichts zu tun. Wo immer sich Habsucht in
einem ihrer bunten Gewänder dazugesellt,
wird Gott nicht verherrlicht, leidet das Leben
Schaden statt Gewinn. Statt dessen:
– Schaffen und mitgestalten, damit Gott in
  allem verherrlicht werde.
– Einbringen und auf den Markt bringen, damit Gott in allem verherrlicht werde.
– Anbieten und überzeugend verkaufen, damit Gott in allem verherrlicht werde.
– Frei auf jeden Trick verzichten können, damit Gott in allem verherrlicht werde.
– Dem Gemeinwohl Gewinn bringen, damit
  Gott in allem verherrlicht werde.

293

Wenn einer ankommt, um Mönch zu werden, dann soll ihm der Eintritt nicht ohne weiteres gewährt werden, sondern man halte sich an das Apostelwort: „Prüft die Geister, ob sie aus Gott sind."
(1 Joh 4, 1)/(58, 1 + 2)

Vor vielen Jahren in der Schule hatte meine Klasse einen Aufsatz zu schreiben: „An seinen Widerständen wächst der Mensch." – Heute gibt es viel Sinn für Schwellenängste und niedrigschwellige Angebote.
Welche Erfahrung habe ich mit Widerständen gemacht? Welche Erfahrungen habe ich mit Schwellen gemacht? Ich will an die positiven Erfahrungen mit beiden in meinem Leben anknüpfen.

Kommt also einer und klopft beharrlich an, und zeigt
es sich, daß er die Erschwernis des Eintritts geduldig
erträgt und auf seiner Bitte besteht, dann gewähre
man ihm den Eintritt. (58, 3 + 4)

Auf welcher Bitte will ich bestehen? Auf
welche Bitten will ich nicht verzichten?
Wie bleiben sie mir präsent? Wie trage ich
sie in den Tag? Wie trage ich sie durch mein
Leben und durch die Erschwernisse des Lebens?
Ich will sie beharrlich tragen und so tragen,
daß sie weder verlorengehen noch zerbrechen.

295

Er kommt in die Wohnung der Novizen, wo sie lernen, essen und schlafen. Man weist ihnen einen älteren Bruder zu, der es versteht, die Seelen zu gewinnen, und der über sie mit größter Aufmerksamkeit wacht. (58, 5 + 6)

Alles Wichtige im Leben braucht eine Zeit der Einübung, mehr noch des Einlebens. Benedikt sagt: lernen – essen – schlafen, das heißt, viele Male aufnehmen und sich aneignen, natürlich immer wieder Kraft schöpfen, viele Male darüber ruhen und ausruhen. Und es heißt für Benedikt auch, jemandem anvertraut sein und jemandem vertrauen, der aufmerksam mir gegenüber ist, der mich aufmerksam auf mich macht, der mich motivieren und manchmal trösten kann ...

*Man achte sorgfältig darauf, ob der Novize wirklich
Gott sucht, ob er Eifer für den Gottesdienst hat, für
den Gehorsam, für Verdemütigungen. Im voraus sage
man ihm offen, wie rauh und schwierig der Weg ist,
der zu Gott führt. (58, 7 + 8)*

Ob jemand wirklich Gott sucht, das ist das
entscheidende Kriterium der Berufung
für Benedikt. Aber die Gottsuche weitet sich
ins Konkrete einer jeden Lebensform aus, sie
entfaltet sich darin. Benedikt nennt mit Blick
auf die Klostergemeinschaft Gottesdienst,
Gehorsam, Verdemütigungen. Suchen heißt,
daß ich etwas nicht nur hinnehme, sondern
mit Eifer hineingehe und in all dem unentwegt suchend bleibe.
Der Weg zu Gott ist kein Spaziergang, sondern ein Abenteuer.

297

Wenn er verspricht, standzuhalten und auszuharren,
soll man ihm nach Verlauf von zwei Monaten diese
ganze Regel vorlesen und ihm sagen: Das ist das
Gesetz, unter dem Du dienen willst. Kannst Du dies
beobachten, so tritt ein! Kannst Du es aber nicht, so
steht es Dir frei, wegzugehen. Bleibt er noch fest ...
(58, 9-13)

Mehrmals bekommt jeder Neuling die
Regel vorgelesen, keiner stolpert da
blindlings in eine Lebensweise, sondern er
ist frei und wird in die Lage versetzt, sich zu
entscheiden, und mehrmals gefragt, ob er immer noch will.
Wie ist das bei mir mit Lernprozessen: Nehme ich sie wahr, kann ich mich einlassen?
Wie frei und fähig bin ich, mich in Entscheidungen und Verbindlichkeit einzuüben?

Und wenn er nach reiflicher Überlegung verspricht,
alles zu beobachten und jedem Befehl nachzukommen,
dann nimmt man ihn in die Klostergemeinde auf.
(58, 14)

An dieser Hingabe und Aufnahme ist irgendwie gar nichts Plötzliches mehr. Viel wurde geschaut und reiflich überlegt, Jahreszeiten gingen ins innere und äußere Land. In einer Zeit, in der alles jetzt und sofort sein muß, in der kaum noch jemand das Erwarten und Abwarten lehrt und wenige auch, wie man etwas durch Krisen durchtragen kann, ist der menschliche Sinn dafür nicht mehr selbstverständlich und natürlich offen. Das spricht nicht dagegen.

Die Sehnsucht nach unwiderruflichem Angenommensein ist riesig, die Fähigkeit klein. Aber die Sache ist wichtig genug. Ich will alles tun, daß die kleine Pflanze wachsen kann.

299

*Vor der Aufnahme verspricht er in Gegenwart aller
im Oratorium Beständigkeit, klösterliches Leben und
Gehorsam vor Gott und seinen Heiligen; falls er je anders handelt, soll er wissen, daß er von dem verdammt
wird, dessen er spottet. (58, 17 + 18)*

Irgendwann steht eine Entscheidung an,
das wirkt sich auf mein ganzes Leben aus.
Denn kein Mensch entscheidet sich nur für
sich allein. Und immer ist darin auch das Be-
zeugen, das Zeugnis davon, woran ich wirklich glaube.
Und dann gibt es noch manchmal Entscheidungen, die die Qualität eines Versprechens
haben. Das sind die wichtigsten Entscheidungen in jedem Leben, es sind Entscheidungen
mit und zur Hingabe. Woher kenne ich das
gut? Kenne ich es etwas? Gar nicht?

Über dieses Versprechen stelle er eine Urkunde aus ...
Diese Urkunde schreibe er eigenhändig; oder wenn er
nicht schreiben kann, schreibe sie auf sein Ersuchen
hin ein anderer, und der Novize setze sein Zeichen
dazu und lege sie eigenhändig auf den Altar.
(58, 19 + 20)

Der Ritus der Profeß eines Bruders, einer Schwester ist dicht, tiefgehend, weitreichend, voller Symbole. Alles geht hier ums Ganze.

Es gibt aber auch ohne Kloster und Profeß diese Momente, die man ganz eigenständig und eigenhändig leben muß, in denen ich durch niemanden vertretbar bin. Hier heißt das: eigenhändig schreiben oder zeichnen und die Urkunde eigenhändig auf den Altar, das ist Christus, legen. Keiner ist vertretbar in der Hingabe.

Wo bin ich nicht vertretbar?

Sobald er das getan hat, stimmt der Novize diesen Vers an: „Nimm mich auf, o Herr, wie Du verheißen hast, und ich werde leben; laß mich nicht in meiner Hoffnung scheitern." (Ps 119, 116) Diesen Vers wiederholt die ganze Klostergemeinde dreimal und fügt das „Ehre sei dem Vater" hinzu. (58, 21)

Der Vers aus Psalm 119 ist für jede Benediktinerin, jeden Benediktiner Grundmelodie ihrer Profeß. Keine und keiner wird ihn hören, ohne daß alles mitschwingt und das Herz irgendein neues Echo gibt. Es ist: das Lied nach der Hingabe. Da steht der Mensch zuerst ganz allein mit weit offenen Armen im Raum und singt ganz allein. Aber dann stimmen alle ein, die das auch bereits taten. Das ist dann mehr als ein Echo. Da liegt das Innerste monastischen Lebens einen Augenblick ganz offen in der Kirche da – als Gesang menschlicher Hingabe und Hoffnung einer einzelnen Person und einer ganzen Gemeinschaft.

Wenn ich das sehe, was regt sich in meinem Herzen? Woran erinnert es mich?

302

*Wenn er Vermögen hat, soll er es vorher an die Armen
verteilen oder es in einer feierlichen Schenkung dem
Kloster vermachen, ohne irgend etwas für sich zurück-
zubehalten. Er weiß ja, daß er von diesem Tag an
nicht einmal mehr über seinen eigenen Leib verfügen
kann. (58, 24 + 25)*

Der Mönch muß ganz frei in diesen Augenblick gehen, nichts von dem, was
alles „Vermögen" sein kann, darf noch in
seinem eigenen Besitz sein. Darüber soll er
vorher so verfügen, es so verteilen und verschenken, daß ihm nichts mehr zu verfügen
bleibt, daß er sich frei verschenken kann.
Aber achtsam muß er bleiben, daß sich von
Besitz und eigenmächtiger Verfügung nichts
einschleicht. Durch alle Ritzen, in jede Lebensform kann das kommen. Weniger als an
den Dingen liegt es an der Herzenshaltung.
Ich spüre dem Unterschied nach: Was ist
Freiheit? Was Verfügen? Was ist Hingabe?
Was ist Eigenmächtigkeit?

303

Man nimmt ihm also im Oratorium die eigene
Kleidung, die er trägt, ab und bekleidet ihn mit den
Sachen des Klosters. (58, 26)

Wer sagt, die Kleidung sei nicht wichtig,
dem widerspricht die Wirklichkeit mit
ihren Moden und allem Aufwand, der damit
betrieben wird, was Menschen nur anzie-
hen.
Die Klosterkleidung ist eine Kleidung der Gemeinschaft, in der viel Individuelles zurück-
genommen und nicht mehr zur Schau getra-
gen wird. Es ist eine Kleidung für das Stille
in uns.
In unserer Stadt ist sie allerdings heutzutage
ein enormer Blickfang, wo diese Ordensklei-
der nur noch so selten vorkommen. Und ob
das zum Zeugnis oder zur Selbstdarstellung
wird, liegt voll an dem Menschen, der darin
steckt. Beides ist leicht möglich.
Wie ist es bei mir, wie trage ich, was ich trage? Was schütze ich, was gebe ich preis?
Was würde mir wirklich passen?

*Wenn ein Vornehmer seinen Sohn Gott im Kloster
darbringt, und der Knabe ist noch minderjährig,
stellen seine Eltern die Urkunde aus. Sie wickeln
diese Urkunde und die Hand des Knaben mitsamt der
Opfergabe in das Altartuch und bringen ihn so dar ...
Ebenso halten es auch die weniger Bemittelten. Wer
aber gar nichts hat, stellt einfach die Urkunde aus und
bringt seinen Sohn mit der Opfergabe in Gegenwart
von Zeugen dar. (59, 1+ 2, 7 + 8)*

Lassen wir das Geschichtliche, das alles
verständlich machen könnte, beiseite und
fragen heute: Darf ein Mensch einen anderen
darbringen, verschenken? Ich kann ja keinen
anderen hingeben, weder Kinder noch sonst
jemanden, nur meinen Anteil an ihm kann
ich loslassen und selbst darauf verzichten,
an ihm teilzuhaben. Was Benedikt sagt, war
nicht gemeint, wie wir es heute meinen.
Was wir aber, inspiriert auch durch diese Stelle, öfter üben sollten: einen Menschen ganz
und gar Gott ans Herz zu legen, ihn dorthin
loszulassen, ihn loslassend anzuvertrauen.

Wenn einer aus dem Priesterstand um Aufnahme ins Kloster bittet, soll man ihm nicht zu schnell zusagen. Besteht er jedoch durchaus auf seiner Bitte, so muß er wissen, daß er die Regel in ihrer ganzen Strenge zu halten hat und daß ihm nichts erlassen wird. Es soll gelten, was in der Schrift steht: „Freund, wozu bist Du gekommen?" (Mt 26, 50)/(60, 1-3)

Egal, woher jemand kommt, es gelten die obengenannten Schritte in ihrer Weisheit: Bitte – Langsamkeit – Beharrlichkeit …
Das Schriftzitat an dieser Stelle, die Auslieferung Jesu durch Judas im Nachtgarten, spielt das „Kommen" noch in einer anderen Tonart ein: nicht nur, daß jemand kommt, sondern wozu jemand gekommen ist. Eine alte Schwester (sanguinischen Temperaments) hatte bis zu ihrem Tod in hohem Alter diese Jesusfrage auf einem Zettel stehen, der neben ihrer Zimmertüre hing. Immer, wenn sie das Zimmer verließ, streifte sie ihn mit den Augen: Freund, wozu bist du gekommen?

*Wenn von weither ein fremder Mönch kommt und
als Gast im Kloster bleiben will, und wenn er mit der
Lebensweise, die er vorfindet, zufrieden ist, wenn er
nicht durch seine Ansprüche Verwirrung ins Kloster
bringt, sondern einfach mit dem zufrieden ist, was er
vorfindet, dann nimmt man ihn auf, solange er bleiben
will. (61, 1-3)*

Benedikts Wertschätzung des Bleibens, der stabilitas, wird an vielen Stellen der Regel deutlich. Er ist da ganz entschieden. Aber dabei geht es nicht um Unbeweglichkeit. Und in diesem Sinn nimmt er auch – nicht naiv, aber offen – wandernde, pilgernde, reisende Mönche auf, die als Gast ins Kloster kommen.

In unserer Gegenwart werden oft sehr andere Akzente gesetzt, und der Erfahrungsansatz liegt am anderen Ende der Brücke.

Aber zum Leben gehört beides: das Stabile, Beständige wie das Bewegliche und die Bewegung. Ein Gradmesser, ob es bei mir eine einigermaßen passende Balance gibt, ist, ob Zufriedenheit oder Anspruchsmentalität sichtbar wird. Alles gehört dazu. Das Ungute und Ungesunde liegt im Maß der Dinge und löst Verwirrung aus. Verwirrung ist das negative Gegenstück zu einer lebensförderlichen Dynamik.

307

Falls er jedoch bescheiden und liebevoll eine verstän-
dige Kritik äußert und auf etwas aufmerksam macht,
soll der Abt klug überlegen, ob ihn der Herr nicht gera-
de deswegen geschickt hat. (61, 4)

Gewisse Punkte kann man bei sich selbst schlecht wahrnehmen, vielleicht weil man zu nah dran ist, einen Winkelbereich nicht einsehen kann, sich an etwas gewöhnt hat. Wie gehen wir damit um, wenn uns jemand auf etwas aufmerksam macht? Kann ich Kritik annehmen? Bin ich kritisierbar und kritikfähig? Beides sind Gegenstücke zu jeder Kritiksucht, die nie beim anderen ankommt, über den sie redet, höchstens verletzend, und die sich immer selbst darstellt. Da ist es angesagt, sich zu schützen. – Aber in guter Weise kritisieren zu können und Kritik aufzunehmen, das wäre ein echtes Lernziel für jeden Menschen in seinem Reifungsprozeß. Ich gehe Wege durch meine Erinnerung. Sehe ich da, wenn ich Kritik erlebe, Schritte nach vorn oder nur Spuren von Flucht? In welcher Tonart und Weise übe ich selbst Kritik?

Zeigt es sich aber während der Zeit seines Gastaufent-
haltes, daß er anspruchsvoll oder voller Fehler ist, so
muß man ihm nicht nur die Eingliederung in den klö-
sterlichen Verband verweigern, sondern ihm überdies
höflich bedeuten, er möge gehen; sonst könnten durch
seinen beklagenswerten Zustand auch noch andere
verdorben werden. (61, 6 + 7)

Manchmal fällt es schwer, sich abzugren-
zen. Oft wird einem erst im Konfliktfall
deutlich, daß es nötig geworden ist, wenn der
Störpegel bis zur Schmerzgrenze ausschlägt.
Natürlich sind Konfliktfall und Schmerzgrenze nicht das ideale Übungsfeld. Wie übe ich
bei den Menschen, mit denen ich lebe, oder
bei denen, die zu uns kommen, Abgren-
zung? Wenn ich mich nicht abgrenzen und,
wo nötig, schützen kann, kann ich mich auch
nicht wirklich öffnen ... und umgekehrt. Was
könnte ich üben? Wen könnte ich um Hilfe
bitten?
Und was mich selbst angeht: Bin ich ein
Nörgler und neige zu Selbstgefälligkeit?

*Der Abt soll sich hüten, jemals einen Mönch aus
einem anderen bekannten Kloster ohne Einwilligung
oder Empfehlungsschreiben des zuständigen Abtes
dauernd aufzunehmen; denn es steht ja geschrieben:
„Was Du selbst nicht erleiden möchtest, das tu auch
keinem anderen an!" (Mt 7, 12)/(61, 13 + 14)*

Warum jemand irgendwo fortging, es
ihn weitertrieb, jemand zu uns kommt
und aufgenommen werden will, kann viele
Gründe haben und hat meistens mehrere zugleich. Es ist wichtig für ein gutes menschliches Weitergehen und Miteinander – bei aller Diskretion –, so klar und transparent wie
möglich damit umzugehen, nach verschiedenen Seiten zu hören, ehe man – egal, was
denn – tut.
Was für den Umgang außen gilt, gilt auch im
persönlichen Innenraum. Manchmal fühlen
wir uns angetrieben, manchmal bloß umge-
trieben, und manches Mal ist es beides. Daß
es so kommt, läßt sich nicht vermeiden. Aber
suche ich bei allem, was in mir ist und oft hin
und her geht, nach mehr Klarheit und Transparenz?

*Wenn der Abt einen Priester oder Diakon für sich wei-
hen lassen will, dann wähle er aus seinen Mönchen
einen aus, der würdig ist, das Priestertum auszuüben.
Der Geweihte hüte sich vor Überheblichkeit und Stolz
... Das Priestertum darf ihm nicht Anlaß sein, den
Gehorsam gegen die Regel und die Zucht zu vergessen, vielmehr soll er danach streben, Gott immer näher
zu kommen. (62, 1-4)*

Deutlicher als heute üblich geht Benedikt
davon aus, daß das, was im ganzen nötig ist, Priorität vor der Wahl des einzelnen
hat. Die Frage zielt mehr darauf ab, was jemand von innen und vom ganzen her soll, als
darauf, was jemand will. Für uns heute ist es
wichtig, diese Perspektive wieder unbefangen einzubeziehen.
Exponierte Stellungen wie die des Priesters
oder Diakons – wir nehmen sie hier als Beispiel – sind zudem leicht gefährdet, ein irri-
ges Gefühl des Besondersseins wachzurufen.
Damit geht man aber immer in die Irre ...
Schützen kann, die allgemeinen Werte nicht
zu vergessen, sondern sie besonders treu zu
leben. Wenn ich danach strebe, Gott näher
zu kommen, werde ich (egal, wie exponiert
in manchem) von der Gemeinschaft nicht getrennt Dienst tun können.

311

Die Brüder sollen im Kloster ihre Rangordnung so einhalten, wie sie durch die Zeit des Eintritts und durch ein verdienstvolles Leben bestimmt und wie sie vom Abt festgelegt wird. In der Rangfolge also, die er festsetzt oder die den Brüdern von selbst zukommt, gehen sie zum Friedenskuß, zur Kommunion, zum Psalmenvortrag. Und nirgendwo darf das natürliche Alter die Rangordnung bestimmen oder beeinflussen. (63, 1, 4 + 5)

Die Suche nach dem eigenen Platz ist für viele Menschen ein Thema, oft angst- und leidbesetzt und beladen mit allerlei Hoffnungen und chiffrierten Wünschen. Dabei wird alles mögliche an Herkunft und Können, Erreichtem und Schönem ins Spiel gebracht. Benedikt setzt einen ganz anderen Akzent. Von dem her hat jeder seinen ganz eigenen Platz, den er in der gemeinsamen Reihe füllen soll und kann. Der Zeitpunkt des Eintritts bestimmt ihn, alles andere tritt dahinter zurück, ist demgegenüber nicht maßgeblich genug. Warum wählte Benedikt gerade dieses Kriterium aus? Es ist die Lebensentscheidung zur Gottsuche, der Moment, in dem sich jemand deutlich dazu bekannte. Das ist der neue Dreh- und Angelpunkt. In dieser langen Reihe habe ich meinen ureigensten Platz, an dem ich mich einfügen kann und will.

*Die jüngeren Brüder sollen die älteren ehren, die
älteren die jüngeren lieben. Wenn einer den anderen
beim Namen ruft, darf er ihn nicht mit dem bloßen
Namen anreden; vielmehr sollen die älteren Brüder die
jüngeren „Bruder", die jüngeren die Älteren „ehrwürdiger Vater" nennen. (63, 10-12)*

Welches Gespür haben wir für die gute,
angemessene Anrede? Es macht einen
großen Unterschied, ob ich mit der Haltung
von „He, du!" oder „ehrwürdiger Vater" auf
jemanden zugehe. Die Annäherung ist mit
entscheidend dafür, wie man ankommt.
Wenn darin nicht wirklich Zuwendung und
Anrede steckt, können wir uns vielleicht
„treffen", aber nicht begegnen.

Der Unterschied zwischen den Generationen, den Benedikt macht, ist heute auch
in Klöstern nicht mehr üblich. Alle sagen
„Schwester" zueinander. Das ist mir ein ganz
kostbares Wort.

Es wäre durchaus passend, auf das Leben und
die Menschen in der inneren, ehrfürchtigen
Haltung der „jüngeren Schwester" zuzuge-
hen, die Benedikt in diesem Kapitel meint.

313

Sooft sich die Brüder begegnen, bittet der jüngere den älteren um den Segen. (63, 15)

Sehe ich die Menschen, die auf mich zukommen? An denen ich vorbeikomme? Mit denen ich lebe? Die ich zigmal jeden Tag sehe?
Wofür bin ich vielleicht blind geworden?
Ich will mir von Benedikt den Sinn dafür neu öffnen lassen: Sie sind segensreich, sie sind segensmächtig. Ich will einmal, wenigstens eine Zeitlang, zumindest still, üben, ein Segenswort über die zu beten, denen ich begegne, und meinerseits zu bitten: Sei ein Segen für mich. Ich will meine eigene Erfahrung damit machen.

Bei der Einsetzung des Abtes gelte immer ... Man soll den wählen und einsetzen, der verdienstvolles Leben und Lehrweisheit verbindet, wenn er auch in der Rangordnung der Klostergemeinde der Letzte wäre.
(64, 1 + 2)

Wenn Benedikt von Wahlen und Entscheidungsfindungen spricht, hat er nicht unsere heutigen demokratischen Spielregeln vor Augen. (Was die angeht, könnten wir uns aber auf manches Fragwürdige von ihm hinweisen lassen.) Er fragt nicht zuerst nach der Sache (weder beim Abt noch beim Handwerker), sondern nach Qualitäten der Person. Wer darf die Leitung übernehmen? Es geht nicht um Perfektion, sondern um die Reihenfolge der Kriterien. Zwei Kriterien schreibt er groß an den Anfang: „Bewährung im Leben und Lehrweisheit". Wenn sie vorhanden sind, wird er das übrige Nötige für den Dienst am Ganzen dazulernen und dazugewinnen können.

Er muß sich im göttlichen Gesetz auskennen, damit er das nötige Wissen hat, um Neues und Altes hervorzuholen. (Vgl. Mt 13, 52) Er muß keusch, nüchtern, barmherzig sein. Und immer soll er lieber Erbarmen walten lassen als strenges Gericht (Jak 2, 13), damit ihm selbst das gleiche zuteil werde. (64, 9 + 10)

Kenne ich mich aus, weiß ich das Nötige, um für den mir aufgetragenen Dienst daraus immer neu schöpfen zu können? Was tue ich selbst, um dieses Wissen zu schöpfen und lebendig fließen zu lassen?

Was weiß ich von Erbarmen? Was weiß ich von Gericht? Was weiß ich von Keuschheit? Was von Nüchternheit? Was von Barmherzigkeit?

Seltsam genug, aber es gefiel Gott so: Unsere eigene Erfahrung ist das Rohr, die Leitung, durch die – in dem, was wir tun – Gottes Wirklichkeit auf unser Land fließen und es tränken will, damit unser Leben seine ganze Fruchtbarkeit gewinne.

Er hasse das Böse und liebe die Brüder. Muß er
zurechtweisen, handle er klug und gehe nie zu weit,
damit das Gefäß nicht zerbricht, wenn er es allzu
sauber vom Rost reinigen will. Er schaue immer mit
Mißtrauen auf seine eigene Gebrechlichkeit und denke
daran, daß man das geknickte Rohr nicht vollends
zerbrechen darf. (Mt 12, 20)/(64, 11-13)

Wie ist das bei mir mit Zurechtweisun-
gen? Kann ich zurechtweisen, klug
handeln? Oder traue ich mich das nicht?
Bleibe ich davor stehen und gehe nicht weit
genug?
Oder gehe ich leicht zu weit, weil ich den anderen oder die Situation nicht genug im Herzen und Blick habe?
Zurechtweisen zu lernen ohne falschen Eifer
und ängstliche Ersparnis ist mit die strengste
Schule aufmerksamer, gütiger Selbstdisziplin.

*Er sei nicht aufgeregt und überängstlich, nicht maßlos
und eigensinnig; nicht eifersüchtig und nicht argwöhnisch,
sonst kommt er ja nie zur Ruhe. Bei seinen Befehlen sei er
umsichtig und überlegt; und mag der Auftrag, den er gibt,
Göttliches oder Weltliches betreffen: Immer wisse er zu
unterscheiden und Maß zu halten, eingedenk der weisen
Mäßigung des heiligen Jakob: Wenn ich meine Herden
auf dem Marsch überanstrenge, gehen sie alle an einem
einzigen Tag zugrunde. (Vgl. Gen 33, 13)/(64, 16-18)*

Ein Mensch, der leiten soll und will, muß – egal, um welches Thema oder welche Problemebene es sich handelt – lernen, die Wirklichkeit zuzulassen und darin die Balance zu halten, vernünftig und auch gefühlsmäßig. Autorität ist nach Benedikts Auffassung für das Gedeihen einer Gemeinschaft und die Bewältigung ihrer Probleme, die sich naturgemäß ergeben, unverzichtbar.

Der erste und immer wieder erste Ort, um Autorität auszuüben, ist aber für jeden das eigene Herzensland und Lebenshaus, mit den verschiedenen Kräften, Tendenzen und Gefühlen, die darin hausen. Wer da nicht in Übung bleibt und die innere Herde gut hütet (mindestens diese Leitungsaufgabe hat jeder Mensch), der wird keine äußere Herde zusammenhalten und weiterbringen und ihr auf ihrem Weg helfen können.

318

Er achte auf diese und andere Schriftworte von der weisen Mäßigung, der Mutter der Tugenden, und ordne alles so maßvoll an, daß die Starken angezogen und die Schwachen nicht abgeschreckt werden.
(64, 19)

Wenn mich jemand vor dem Lesen dieses Regelabschnitts gefragt hätte, wer denn die Mutter der Tugenden sei, sozusagen der Nährboden für alle übrigen, was wäre mir in den Sinn gekommen und was nicht?
Weise Mäßigung ist alles andere als laue Mittelmäßigkeit. Für jeden Menschen ist sie wichtig, für die Leitung unerläßlich. Sie beinhaltet die Fähigkeit zum Leben in der Realität der Schwachheit und Konflikte, ohne das Ideal aus dem Auge zu verlieren. Sie ist ein Unterscheidungsvermögen, das uns hilft, zum Angemessenen zu finden. Sie ist Weitsicht mit Augenmaß.
Wie steht es bei mir mit der Weitsicht? Wie mit dem Augenmaß?

319

Es kommt öfter vor, daß die Einsetzung des Priors in den Klöstern zu schweren Konflikten führt; denn es gibt Leute, die sich vom bösen Geist des Stolzes aufgebläht einbilden, sie seien zweite Äbte. (65, 1)

Der Prior im Kloster ist der erste Stellvertreter des Abtes. Wieder geht es um Stellvertreter. Wir sahen schon: Der Abt ist der Stellvertreter Christi, der das Abbild des ewigen Vaters unter uns Menschen ist. So wie der Abt ist auch der Prior „nur" Stellvertreter. Ohne dieses „nur" ist er nichts Gutes ...

Mit diesem „nur" kann man sich aber vor Stolz, Einbildung und jeder Art von Aufblähung schützen. Auf einer anderen Ebene des Miteinanders haben klare Strukturen auch den Sinn, davor zu bewahren.

*Sie maßen sich willkürlich die Macht an, schüren
Konflikte und stiften Zwietracht in den Klosterge-
meinden ... Wir halten es deshalb zur Sicherung des
Friedens und der Liebe für besser, daß der Abt die
Ämter in seinem Kloster nach freiem Ermessen besetzt.
(65, 2 + 11)*

Eine Klostergemeinschaft (nicht mehr, aber
deutlicher als jede andere Gruppe) kann
nur gedeihen, wenn sie auf ihre Mitte bezogen bleibt, die Gott, die Christus ist. In der
Gemeinschaft steht für sie der gewählte Abt
oder die Priorin. Wenn die Verbindung mit
der Mitte schwach wird, füllen bald andere
Kräfte und Mächte den Platz und erhitzen
sich an den immer vorhandenen Konflikten,
die in Lebensprozessen einfach unausweichlich sind. Benedikt will, daß der Abt Ämter
letztlich nach seinem Ermessen besetzt. Es
soll die Kompetenzvergabe von der Mitte her
ganz deutlich sein.

321

Seine Gedanken flüstern ihm ein, er sei der Gewalt seines Abtes entzogen; sie sagen zu ihm: „Du bist ja von denselben eingesetzt, die den Abt eingesetzt haben." Daraus entstehen Neid, Streitereien, Verleumdungen, Eifersüchteleien, Zwietracht und Unordnung. (65, 5-7)

Vollmacht ist etwas anderes als Macht. An Gangart und Auftreten ist das ablesbar. Beauftragung ist etwas anderes als jede Anmaßung. Der Anmaßung fehlt immer die personale Kompetenz. Und Anmaßung macht es immer unmöglich, etwas menschlich Angemessenes in einer Situation zu finden.

Kompetenzen brauchen Ordnung; Transparenz schützt den Raum, in dem Leben wachsen kann.

Ich prüfe mein Verhalten in den Spannungsfeldern meines gegenwärtigen Lebens. Wo sind meine Schwachstellen? Wo meine Chancen?

*Denn wenn Abt und Prior gegensätzlicher Meinung
sind, bringt dieser Zwiespalt notwendig ihre eigene
Seele in Gefahr, und auch ihre Untergebenen stürzen
ins Verderben, wenn sie den Parteien schmeicheln.
Die Verantwortung für diesen gefährlichen Mißstand
trifft in erster Linie jene, die eine solche Unordnung
verursacht haben. (65, 8-10)*

Kein Leben wächst ohne Spannung – aber
dauernde Anspannung nimmt jeder
Gruppe und jedem einzelnen den inneren
Elan.

Kein Leben reift an Konflikten vorbei, das
ist einfach normal so – wer das demütig als
Gruppe wie auch als Person anerkennt, wird
nicht der Versuchung erliegen, Konflikte und
Rivalitäten zu schüren.

Verschiedenheit gehört zum gottgeschenkten
Reichtum einer Klostergemeinschaft – Partei-
ungen bringen sie leicht an die Armutsgrenze
und den Rand des Untergangs.

Verwehren wir den noch unausgegorenen
Kräften in uns und unter uns jede Parteiung
und jedes Anheizen von Streit – denn diese
verbarrikadieren uns den Weg zur Barmherzigkeit Gottes (auch wenn sie immer da ist,
finden wir dann nicht zu ihr).

323

*An die Pforte des Klosters stellt man einen erfahrenen
älteren Bruder, der Bescheid zu empfangen und zu
geben weiß und den die Reife seines Charakters vor
dem Herumschweifen bewahrt. (66, 1)*

Jede Menge Leben bewegt sich an einer
Klosterpforte, dort gibt es viel Kommen und
Gehen. Gerade dann und dort ist es wichtig,
innerlich und äußerlich ein Mensch zu sein,
der nicht herumschweift.

Nicht herumzuschweifen, sondern gegenwärtig zu sein ist die Voraussetzung dafür,
empfangen zu können, empfänglich zu sein
und Christus zu begrüßen, egal, wie es ihm
gefällt, zu kommen.

324

Der Pförtner soll seine Wohnung neben der Pforte haben, damit die Besucher ihn immer dort antreffen und Auskunft erhalten. (66, 2)

So wie der Pförtner nach Benedikts Regel neben der Tür seine Bleibe haben soll, damit man ihn dort antreffen und Bescheid erfragen kann, so soll jeder Mensch das innere Bleiben und Empfangen üben, mit Leib und Seele üben.

Wo ist meine natürlichste Bleibe? Innerlich? Äußerlich? Wie ist mein Bleiben? Ist darin auch Wachheit und Bereitschaft zu dem, was gefragt ist oder ansteht? Bin ich denn präsent? Vielleicht sogar schon still und geistesgegenwärtig?

325

Sobald jemand klopft oder sich ein Armer meldet, ant-
wortet er: „Gott sei Dank" oder „Segne mich". (66, 3)

Oft bewegen wir uns in inneren Gefilden,
die mehr oder weniger entfernt liegen
von einem „Deo-gratias-Land". Wir fühlen
uns dann vielleicht eher gestört als gesegnet
durch das, was klopft, durch den oder die,
die kommen.
Aber wenn ich beginne, aufzustehen, wenn
es klopft, schellt oder ruft, und zu öffnen
– wenn ich das in einer bewußten Haltung
und Antwort des „Dank sei Gott" oder „Segne mich" tue, dann werde ich wahre Wunder
erleben.

*In aller Freundlichkeit, wie sie ihm die Gottesfurcht
eingibt, und beseelt vom Eifer der Liebe, gebe er sogleich Auskunft. (66, 4)*

Die Freundlichkeit, die aus der Gottesfurcht und Gottverbundenheit kommt,
ist ganz anders als die, die den anderen gefallen will. Der Eifer, den die Liebe beseelt,
ist ganz anders als der, der alles recht machen
und vor allem eine Form oder Konvention erfüllen will.
Wie kann ich dahin wachsen? Eine Hilfe könnte sein, wirklich und frei auf das zu
schauen, was kommt, und den Eingebungen
gegenüber, die dann kommen, aufmerksam
zu sein und aus ihnen heraus meine Auskunft
zu geben.

327

Braucht der Pförtner einen Gehilfen, so erhält er einen jüngeren Bruder. (66, 5)

An mehreren Stellen seiner Regel spricht Benedikt davon, daß Gehilfen bekommen soll, wer es braucht, in der Verwaltung, beim Küchendienst, bei der Gästebetreuung und in welchem Amt auch immer das nötig ist.

Wenn ich Hilfe brauche, kann ich das vor mir und anderen zugeben? Und welche Formen habe ich entwickelt – nicht vorwurfsvoll, nicht wehleidig –, zu sagen und zu zeigen, daß ich Hilfe brauche, um in Frieden meinen Dienst tun zu können? Wo sind bei mir da Schwachstellen, auf die ich bewußt achtgeben sollte?

Das Kloster soll womöglich so angelegt sein, daß
sich alles Notwendige innerhalb der Klostermauern
befindet ... so brauchen die Mönche nicht draußen
herumzulaufen, was ihren Seelen ja durchaus nicht
zuträglich wäre. (66, 6 + 7)

Heute liegt längst nicht mehr alles Notwendige innerhalb der Klostermauern,
auch wenn unsere Klöster immer noch groß
sind und für vieles Raum haben. Es gibt Tage,
da ist dann fast das Notwendigste, eine Strek-
ke Fahrrad zu fahren und eine Zeitlang in die
Pedale zu treten.
Aber das bleibt gültig und wichtig: Das Her-
umlaufen tut nicht gut, schon gar nicht, wenn
der Mensch ein geistliches Leben führen will.
Das Abschweifen tut nicht gut, das In-den-
Lärm-Geraten tut nicht gut, die Ausflüchte
tun nicht gut. Alles, was dem Raum gibt, tut
nicht gut.
Kenne ich das aus Erfahrung? Was habe ich
Positives aus dieser Erfahrung gelernt?

Wir wollen, daß diese Regel öfter in der Klosterge-
meinde vorgelesen wird, damit sich kein Bruder mit
Unkenntnis entschuldigen kann. (66, 7)

Es gibt Ereignisse in jedem Leben und
Glauben, die die Qualität von „ein für al-
lemal" haben. – Aber gleichzeitig beinhaltet
jedes Leben viel „immer wieder", die Wie-
derholung auf vielen Ebenen. Manches ergibt
sich immer wieder von selbst, wie der Schlaf,
wenn wir müde sind, das Essen und Trinken,
wenn wir hungrig und durstig sind. Manches ergibt sich nicht von selbst, sondern nur,
wenn wir es pflegen und nicht vergessen.
Benedikt sagt uns hier: Pflegt das Wiederholen, lest die Regel immer wieder, so daß Ihr
nicht vergeßlich werdet, was die gute Lebensordnung betrifft, und Ihr immer neu aus
dem Kennen der Regel das aktuell Nötige zu
schöpfen wißt.

Die Brüder, die auf Reisen geschickt werden, sollen
sich dem Gebet aller Brüder und des Abtes empfehlen.
(67, 1)

Nicht erst heute reisen Mönche und Nonnen. Es gab immer Gründe, nicht nur auf
dem Weg zu sein, sondern auch unterwegs
zu sein – trotz aller Gefährdung, die das mit
sich bringen mag. Es geht also darum, darauf
zu achten, was dabei nötig ist, und nicht zu
verharmlosen, was dabei nicht harmlos ist.
Unzählige Menschen sind jeden Tag unterwegs, ohne darauf zu achten. Benedikt will,
daß wir alles Nötige tun, aber daß wir es behutsam tun und einen Sinn dafür entwickeln,
wo wir selbst uns hüten müssen. Eine gute
Möglichkeit, so etwas einzuüben, kann sein,
wenn ich – bevor ich aufbreche – jemanden
bitte, mich in seinem Gebet Gott hinzuhal-
ten.
In unserem Kloster erhalten die Schwestern,
die über Tag aus dem Haus gehen, morgens
einen Segen. Und wenn eine über Nacht irgendwohin verreist, wird über sie der Reise-
segen gebetet.

331

Beim letzten Gebet des Gottesdienstes gedenkt man
immer aller Abwesenden. (67, 2)

Verbundenheit will gepflegt sein, das ist immer so. Die existentiellste Verbundenheit in einem Kloster ist die des immer wieder gemeinsamen Gebetes. Auch wer nicht dabei sein kann, bleibt in dieser Verbundenheit und darf sich dort gehalten wissen.

Wir sahen weiter vorn, wie jede Gebetszeit mit der Bitte um die Hilfe Gottes beginnt. Analog schließt jede Gebetszeit mit dem Vers: „Die Hilfe Gottes sei allezeit mit uns." Darauf antworten alle: „Und mit unseren abwesenden Brüdern und Schwestern."

Wen halte ich im Gebet? Ich sollte mindestens ein paar Menschen wirklich halten.

Von wem lasse ich mich betend halten? Ich sollte doch jemanden finden können, der das für mich tut.

Von der Reise zurückgekehrt, werfen sich die Brüder am Tag der Rückkehr bei der jeweils nächsten pflichtmäßigen Gebetszeit am Schluß des Gottesdienstes im Oratorium nieder und bitten alle um das Gebet wegen der Fehler, die sie vielleicht auf der Reise begangen haben; denn es kann sein, daß sie etwas Böses gesehen und gehört und durch unnützes Reden gesündigt haben. (67, 3 + 4)

Auch wenn wir uns entschieden haben, bewußt und behutsam zu leben, menschlich wie auch geistlich, sind wir verwickelt und verwoben mit allem Ungesunden und Unguten in der Welt. Und noch dort, wo wir versuchen, einen guten Abstand zu manchem zu halten, atmen wir doch die gleiche Luft tief ein. Als Menschen in der Gefährdung und Anfechtung leben wir, egal, wo wir leben. Die Form, die Benedikt vorschlägt, ist eine Weise, das nicht herunterzuspielen – das aber in einer Form des Gottvertrauens. Es ist ein Schritt aus einer Solidarität der geteilten Verstrickung in eine Solidarität des Füreinander-Betens.

333

Keiner darf sich erlauben, einem anderen alles zu berichten, was er außerhalb des Klosters gesehen oder gehört hat; denn das richtet großen Schaden an. (67, 5)

Wie erlaube ich mir, zu reden? Es gibt Arten, zu reden, die niemandem guttun (nicht einmal dem, der redet) und nur schaden. Das wird oft nicht als momentaner, großer Schaden sichtbar. Aber was lange schadet, ist auch ein großer Schaden. Welche Art, zu reden, schadet? Malen wir mit Worten: Schwätzen schadet, Geschrei schadet, negatives Erzählen schadet, Effekthascherei schadet, Aufbauschen schadet, Herunterreden schadet. Reden, ohne stillhalten zu können, schadet ...

Wie erlaube ich mir, zu reden?

Wie erlaube ich anderen, zu mir zu reden?

*Wer es aber zu tun wagt, verfällt der Strafe der
Regel. Das gleiche gilt von dem, der eigenmächtig den
klösterlichen Bezirk verläßt, um irgendwohin zu gehen
oder irgend etwas noch so Geringfügiges zu tun ohne
Erlaubnis des Abtes. (67, 6 + 7)*

Für die meisten Menschen geht es nicht
darum, die Grenzen eines Klosters zu
verlassen oder nicht. Aber für alle Menschen
– ob sie nun im Kloster leben oder sonst wo
– hängt Wichtiges daran, ob und wie und warum
sie bereit sind, gesetzte Grenzen zu akzeptieren
oder sie eben bewußt nicht einzuhalten.
Klostergrenzen sind da nur eins von
zahllosen Übungsfeldern.

Also fragen wir uns: Wie gehen wir mit gegebenen
Grenzen um? Was respektiere ich –
und warum? Was nicht – und warum nicht?
Bin ich eher frei oder eher eigenmächtig? Bin
ich mir über mein Verhalten im klaren? Wo
könnte ich jemanden suchen, der mit mir
mehr Klarheit sucht, damit ich mich nicht im
Alleingang verrenne?

335

Wird einem Bruder etwas Schweres oder Unmögliches aufgetragen, so nehme er den Befehl des Vorgesetzten gelassen und gehorsam an. (68, 1)

Die Tatsache ist nicht zu leugnen: Manches im Leben ist zu schwer, und manches wird als zu schwer empfunden. Und oft kommen wir nicht daran vorbei. Eine unserer Schwestern sagt angesichts solcher Unvermeidlichkeiten gerne: „Augen zu und durch!" Ich ändere das immer ab in: „Augen auf und durch!" Im Miteinander ist es für alle Beteiligten keine Kleinigkeit, den Gehorsam zu lernen, wenn sie die Grenzen des Zumutbaren berühren. Aber das wird niemandem erspart.

Und wenn wir es wagen, irgendwie doch wagen – „gelassen und gehorsam", wie Benedikt sagt –, werden wir nicht selten erfahren können, daß Dinge geschehen und funktionieren können, die wir nie für möglich hielten.

*Wenn er aber sieht, daß die auferlegte Last das Maß
seiner Kräfte durchaus übersteigt, dann soll er dem
Oberen geduldig und bescheiden darlegen, warum er
den Auftrag nicht ausführen kann ... (68, 2)*

Auch wenn ich einerseits schon erfahren
habe, daß ich meine eigenen Kräfte und
Möglichkeiten nicht immer selbst richtig ein-
schätze, muß ich andererseits doch ehrlich
mit ihnen leben und umgehen. Gehorsam
sein heißt niemals und nirgends „totschwei-
gen". Wenn wir es wagen, miteinander einen Weg zu suchen (damit meine ich nicht
ein ausdiskutiertes Ergebnis), und es wagen,
ehrlich zu sein und nichts totzuschweigen,
werden wir den nächsten Schritt finden, und
dem Leben wird gedient sein.

337

... ohne Stolz oder Widerstand oder Widerrede. (68, 3)

Wie ist mein Ehrlichsein? Wie mein Nicht-Totschweigen? Wie mein Darlegen? Ich will hinsehen und prüfen, wo es den Beigeschmack von Stolz und Aufblähung, von Widerstand und Widerrede besitzt.
Und wenn ich einmal etwas Zeit und Stille habe, gehe ich in diese Situation zurück und übe (nur still und für mich allein), das gleiche anders zu sagen, bis es diesen Beigeschmack verliert.

338

Bleibt es nach seiner Darlegung beim Entscheid und
Befehl seines Vorgesetzten, so wisse der Untergebene,
daß es so für ihn gut ist. (68, 4)

In dem Maß, wie ich selbst lerne, die Dinge des Alltags ehrlich abzuwägen und ohne Leichtfertigkeit darzulegen, bin ich auch in der Lage, Dinge hinzunehmen, die ein anderer ehrlich abgewägt und dargelegt und mir auferlegt hat. Und wenn ich mich dann darauf einlasse, wird das Gute, das auch in fast allem Schweren drinsteckt, dadurch entbunden und freigesetzt werden.

339

... und er gehorche aus Liebe, im Vertrauen auf die Hilfe Gottes. (68, 5)

Da kommt mir das gleiche Wort aus einer anderen Szene des klösterlichen Lebens in den Sinn: Mehrfach auf dem Weg zur endgültigen Bindung an die Gemeinschaft und ihre Lebensweise wird die Schwester im offiziellen Ritus gefragt: „Was willst Du?" Sie antwortet dann: „Die Aufnahme in die Gemeinschaft." Dann geht das Fragen weiter in der Art: „Meinst Du denn, Du kannst das?" Und der Dialog gipfelt in der Antwort der Schwester: „Im Vertrauen auf die Barmherzigkeit Gottes, nicht aus eigener Kraft, hoffe ich, das erfüllen zu können." Nur so kann es letztlich gehen und gelingen, egal, um welche Realität es sich handelt.

340

Man sorge vor, daß sich im Kloster keiner erlaubt, aus irgendeinem Grund einen anderen zu verteidigen oder sich gleichsam als dessen Vormund aufzuspielen. (69, 1)

Weiter vorn stellten wir die Fragen: Wie erlaube ich mir, zu reden? Wie erlaube ich anderen, zu mir zu reden? Hier begegnet uns eine weitere Variation:

Wir sind verantwortlich füreinander, das ist das eine. Aber dazu gehört es, dem anderen Menschen den Raum zu lassen und die Herausforderungen nicht abzunehmen, an denen er/sie wachsen kann und muß. An dieser Grenze muß das ganze mögliche Gemisch von Verantwortung und Hilfe bis hin zur Parteinahme stehen und still bleiben.

Ich bin niemands Mund, jeder muß selbst sprechen üben.

Ich bin niemands Auge, jeder muß selbst sehen und unterscheiden lernen.

Ich kann niemandem den eigenen Fuß, Schritt und die eigene Standfestigkeit ersetzen, ich bin nur jedermanns Schwester.

... auch wenn beide noch so eng durch Blutsverwandt-
schaft verbunden sind. Auf keinen Fall darf sich ein
Mönch so etwas erlauben; denn es kann Anlaß zu
sehr schweren Konflikten sein. (69, 2 + 3)

Verwandtschaft zu erfahren, das ist ein
Geschenk. Das gilt nicht nur für Bluts-
verwandtschaft, sondern auch für die des Geistes und der Seele. Verbundenheit zwischen
Menschen ist ein Geschenk. Aber sie ist auch
die größte Herausforderung für das Reifen
eines Menschen. Nirgendwo sonst sind wir
deutlicher gefährdet durch falsche Identifi-
kationen, ungesunde Fixierungen, die feinen
Fäden der Abhängigkeit, die Versuchung zu
Übergriffen und die Parteinahme.
Das Geschenk ist ein Geschenk. Aber es gilt,
wach und behutsam damit weiterzugehen,
sich bestimmte Haltungen nicht zu erlauben,
um immer freier und selbstloser werden zu
können. Ich schaue auf eine Verwandtschaft
oder Beziehung in meinem Leben, wo ich
davon etwas erfahren habe, und bete mich
einmal hindurch.

Im Kloster soll jeder Gelegenheit zu eigenmächtigem Handeln vorgebeugt werden. Deshalb bestimmen wir, daß es niemandem erlaubt sein soll, einen seiner Brüder auszuschließen oder zu schlagen ... (70, 1 + 2)

Enges Zusammenleben, wie es zum Beispiel im Kloster geschieht, stellt nicht nur eine intensive Schule der Menschlichkeit, sondern auch eine große Herausforderung dar. Wir werden nicht im luftleeren, sterilen Raum Menschen, sondern müssen durch viel hindurch wachsen und reifen. In dieser Hinsicht ist es heute nicht anders als im sechsten Jahrhundert, als die Regel entstand, auch wenn Formen sich geändert haben. Da ist es wichtig, zu sagen, welche Werte das Klima bestimmen sollen beziehungsweise nicht bestimmen dürfen. Eigenmächtigkeit, Übergriffe, Verurteilungen, Ablehnung sind immer Gift für die Atmosphäre, Schadstoffbelastung für das menschliche und geistliche Leben. Wie gehe ich mit diesen Schadstoffen um, wenn ich sie erlebe? Wie steht es um meinen eigenen Schadstoffausstoß?

Wer sich aber ohne Erlaubnis des Abtes irgend etwas gegen einen Erwachsenen herausnimmt oder sich gegen Kinder unbeherrscht zum Zorn hinreißen läßt, verfällt der Strafe der Regel; denn es heißt in der Schrift: „Was Du selbst nicht leiden willst, das tu auch einem anderen nicht an." (Tob 4, 16; Mt 7, 12)/(70, 6 + 7)

Wenn man dicht zusammenlebt, wird in mancher Hinsicht deutlicher und unübersehbarer, was immer gilt und was nötig zu lernen ist. Ohne das Bemühen um ein emotionales Gleichgewicht hat ein gesundes geistliches Wachstum keine reelle Chance.
Anteilnahme ja – Übergriffe nein.
Zuwendung ja – Unbeherrschtheit nein.
Die Schmerzgrenze der anderen von Herzen respektieren – und sich jede Anmaßung von Gewalt (in Gedanken, Worten und Werken) verbieten.

Das Gut des Gehorsams soll nicht nur dem Abt gegenüber von allen geübt werden, sondern die Brüder sollen sich auch gegenseitig gehorchen. (71, 1)

Die beiden vorausgehenden Abschnitte zeigten, was nach Benedikts Verständnis nicht geht und nicht guttut, wenn Menschen unter dem Evangelium miteinander leben wollen. Hier zeigt er uns, wie es funktionieren und gut werden kann, und verweist uns auf den gegenseitigen Gehorsam. Das hat hier – weniger als an anderen Stellen – den Aspekt von Askese, Läuterung, Pflicht. Es ist das „Gut des Gehorsams", das wir mit ganzem Engagement in allen Richtungen von Mensch und Schöpfung leben wollen. Auf manche Stimmen hören wir leicht und gerne, andere überhören wir oft – fast, ohne es selbst zu bemerken. Ich will heute versuchen, ein paar Stimmen wahrzunehmen und innerlich anzuhören, die zu denen gehören, die ich leicht überhöre.

345

... in der Überzeugung, daß sie auf diesem Weg des Gehorsams zu Gott gelangen. (71, 2)

Wenn ich um mich schaue auf die üblichen Spiele und Spielregeln in der heutigen Gesellschaft, scheint Benedikts Wort wie von einem anderen Stern gesprochen und vieles hier auf den Kopf zu stellen. Aber tatsächlich stellt er wieder auf die Füße, was bei uns wie auf dem Kopf steht. Manchmal sind solche Umkehrungen lebenswichtig.
Wir kommen menschlich nur miteinander weiter, wenn wir aufmerksam, teilnehmend, gehorsam leben. Es geht für Benedikt nicht nur um ein menschliches Weiterkommen, sondern um den Weg zu Gott, der es so gefügt hat, daß die Kommunikation ein unumgänglicher Schritt auf dem Weg zu jeder „Kommunion", zur Communio ist.

346

Ein Befehl des Abtes oder des von ihm eingesetzten Priors muß immer den Vorrang haben, und wir gestatten nicht, daß private Befehle vorgehen. (71, 3)

Je mehr wir die Stimmen hören und wahrnehmen, die um uns sind, desto nötiger wird es gleichzeitig, eine gute Ordnung mit Prioritäten und Kompetenzen zu entwickeln – sonst wird alles bald diffus. Nicht daß ich weniger hören und zulassen soll, aber die „Botschaften" müssen einfließen können in das Flußbett eines sinnvoll und gut geordneten Lebens und darin ihren Raum finden und zugeteilt bekommen. Wie steht es bei mir mit dem Einordnen der Stimmen und Dinge? Wie sieht meine gegenwärtige Prioritätenliste aus? Wo ist mir vielleicht eine gute Ordnung im Hinhören und Gehorchen abhanden gekommen, weil sich etwas Wichtiges verflüchtigt hat oder etwas versteinert ist?

347

Im übrigen aber sollen alle jüngeren Brüder den
älteren in aller Liebe und Bereitwilligkeit gehorchen.
(71, 4)

Jedes Lebensalter und jede Phase hat eigene Gaben und Aufgaben, Stärken und Schwächen und braucht in einem gewissen Sinn eigene Gestaltungsräume, um weiterhin reifen zu können. Aber wenn Gemeinschaft gelingen soll, brauchen wir auch reale Räume und Formen des Miteinanders, eine Kultur des Miteinanders. So wie Benedikt von den jeweils Älteren Verständnis und Respekt erwartet, so verweist er die jeweils Jüngeren auf liebevolles und bereitwilliges Hören und Gehorchen. Wann zuletzt ging ich selbst denn auf einen Älteren, eine Ältere in diesem Sinn gehorsam ein und hörte mit dem offenen Ohr der Liebe und Bereitwilligkeit auf sie/ihn?

Erweist sich einer als streitsüchtig, so werde er zurecht-
gewiesen. (71, 5)

Der Markt unserer Welt wird vom Wettbewerb beherrscht. Aber wenn dieser
auch manchmal schlummernde Kräfte freiset-
zen und aktivieren kann, so taugen die Haltungen von Wettbewerb, Streit und Vergleich
auf vielen Ebenen menschlichen Lebens doch
überhaupt nicht! Wieviel Raum haben sie bei
mir?
Wer ihnen viel Raum gibt, verfängt sich leicht
und sortiert das Gehörte zwanghaft in diese
Kategorien, und alles gerät zum Streit und
wird nach Gewinn und Verlust gemessen.
Wie bei jeder Sucht helfen auch hier Reden
und Argumente nicht weiter. Da nützt es nur,
das einzugrenzen und einen Riegel vorzu-
schieben, den Raum im eigenen Herzen und
Tag mit anderem zu füllen.

349

Wenn ein Bruder aus einem noch so geringfügigen
Grund irgendwie zurechtgewiesen wird oder spürt,
daß irgendein Älterer im Herzen gegen ihn leicht
erzürnt oder auch nur ein wenig aufgebracht ist, so
werfe er sich ohne Zögern auf den Boden nieder, bleibe
zu seinen Füßen liegen und leiste so lang Genugtuung
... (71, 6-8a)

Die Form, die Benedikt hier beschreibt,
ist uns fremd. Aber das Thema ist bleibend aktuell: Wie gehe ich mit Kritik und
Zurechtweisung um? Kann ich sie annehmen
und gelten lassen? Wie? Oder bin ich nur für
mich sensibel und steige bei Kritik gleich ins
Boot von Erklärungen, Rechtfertigungen, Ablehnung und Gegenvorwürfen? Das bleibt
letztlich immer fruchtlos.
Es geht in diesem Abschnitt um mehr als ums
Rechthaben. Zum guten Gespür für mich
selbst muß in jeder Gemeinschaft das gute
Gespür für den anderen dazukommen, die
Fähigkeit und Bereitschaft, neue, passende
Formen des Aufeinander-Zugehens und -Ein-
gehens zu suchen und zu versuchen.

350

... bis sich die Erregung durch den Segensspruch gelegt hat. (71, 8b)

Vielleicht hätten wir es gerne anders, aber es bleibt uns, wenn wir in Frieden leben wollen, nichts anderes übrig, als es irgendwann einmal zu akzeptieren: Konflikte sind nicht die Zwischenfälle im Miteinander, sondern sie gehören zum Normalfall. Sich dagegen aufzulehnen ist nur Kraftvergeudung. Wir müssen immer wieder durch Konflikte hindurch. Gehen wir also hindurch.

Viel wäre gewonnen, wenn wir danach jedesmal über unser Gegenüber still einen Segen beten würden. Segnen kann ich nur mit Mal für Mal versöhntem Herzen. Dabei ignoriere ich nicht das gerade Gewesene und gebe dem anderen doch neuen Raum. Und auch über mein eigenes Land fließt der Segen, den ich einem anderen zubete.

351

Wie es einen bösen und bitteren Eifer gibt, der von
Gott trennt und zur Hölle führt ... (72, 1)

Ich schaue auf meine bisherigen Erfahrun-
gen und benenne die Weisen von bösem,
bitterem Eifer, den ich kenne. Ich nehme
wahr, wie mich das Mal für Mal von Gott
trennte und mein Leben verzerrte und aus
der guten Richtung brachte.
Das Potential steckt in einem jeden von uns.
Beten wir uns heute durch, vielleicht so:
Habgierig – heute nicht.
Ehrgeizig – heute nicht.
Prahlerisch – heute nicht.
Rücksichtslos – heute nicht ... und so weiter.

... so gibt es auch einen guten Eifer, der von der Sünde trennt und zum ewigen Leben führt. (72, 2)

Vor einiger Zeit schrieb ich mir ein paar Wörter auf ein Blatt Papier, in denen für mich mitschwingt, was guter Eifer meint: Wohlwollen, Aufmerksamkeit, Glaubensfreude, Achtsamkeit, Mitgefühl, Engagement, Weitherzigkeit ...
Welche Wörter oder Menschen kommen mir in den Sinn, wenn ich dieses Wort vom „guten Eifer" im Herzen bewege?

353

Das ist der Eifer, den die Mönche in glühender Liebe
betätigen sollen. (72, 3)

In einer Redaktionsphase schloß die Regel Benedikts mit dem Kapitel über den Pförtner. Die Kapitel 67 bis 73 wurden später ergänzt. Offensichtlich hielt Benedikt einige Erfahrungen für so wichtig, daß er sie noch einbringen wollte. Dieses Kapitel „Vom guten Eifer" ist ein besonderes Vermächtnis Benedikts.
Die Welt, der Mensch und was in ihnen ist, wird nicht ignoriert, aber der Bruder, die Schwester ist in diesem Kontext beseelt von der noch stärkeren Realität, einer Christusliebe und Gottessehnsucht, die alles durchglüht und allem von innen her Richtung und Leidenschaft gibt. So wie der Dornbusch, in dem Gott seine Gegenwart dem Mose in der Wüste offenbarte, brannte, ohne zu verbrennen, wird alle Materie, aller Stoff des Lebens in diese Liebe und Sehnsucht einbezogen.

354

Sie sollen einander in gegenseitiger Achtung übertreffen. (Röm 12, 10)/(72, 4)

Heute will ich nicht abwarten, wie es die anderen halten, sondern allen Wertschätzung und Achtung entgegenbringen, wirklich entgegenbringen, ohne daß sie sich diese erst verdienen müssen:
– Denen, die an der Tür schellen.
– Denen, die anrufen.
– Dem Menschen, an den ich mich erinnere.
– Dem Menschen, von dem gesprochen wird.
– Denen, die ich auf der Straße treffe.
– Denen, mit denen ich verhandeln muß.
– Den Menschen, mit denen ich in einem Konflikt lebe.
– Dem Bäcker, der Postbotin, dem Gärtner.

Sie sollen ihre leiblichen und charakterlichen Schwächen in großer Geduld aneinander ertragen. (72, 5)

Als Teenager lernte ich drei Monate lang Schreibmaschine schreiben. Es ging dann einigermaßen, natürlich nicht fehlerlos. Ein einziges Handwerk zu lernen dauert drei bis vier Jahre bis zur Gesellenprüfung. Ein Studium abzuschließen dauert noch länger. Und die Praxis kommt dann erst noch. Die Geduld hat mehr Variationen, als es Holzarten gibt. Ihre Gangarten zu lernen dauert länger als ein Tanzkurs. Aber ich gebe es nicht auf.

Keinem Menschen wurde die Geduld in die Wiege gelegt, und keinem fiel sie in den Schoß. Die Geduld ist langsam, sie läßt sich beim Einzug in unser Haus Zeit. Aber, mein Gott, wir geben nicht auf. Wir tragen uns gegenseitig hin.

Sie sollen sich in gegenseitigem Gehorsam zu überbieten suchen. (72, 6)

Manche Menschen wurden aufgrund ihrer Lebenserfahrung müde, die Leidenschaft, zu der sie fähig waren, ist wie versickert. Der Gottesmann Benedikt kommt in den Nachtragskapiteln seiner Regel anders auf uns zu. Er, der uns soviel von Maß und Ernst zu lehren wußte und den Mensch in seinen Nöten, seinen Abgründen und seinem Ringen sah, er spricht gegen Ende seiner Regel in einer anderen Tonart, spricht von „glühend", „übertreffen", „überbieten".

Ich lege mein und das Leben meiner Gemeinschaft nur ganz still in diese Worte hinein, wie man ein Kind in eine Wiege legt, und lasse uns davon halten und wiegen.

357

Keiner soll den eigenen Vorteil suchen, sondern mehr den des anderen. (72, 7)

Was ist ein Vorteil? Das Wörterbuch sagt, das sei ein Umstand, der sich für einen günstig auswirkt. Ein Vorteil kann aus etwas gezogen oder auch herausgeschlagen werden. Etwas kann einen Vorteil bieten, manchmal kann man einen Vorteil gelten lassen. Man kann sich zu seinem Vorteil kleiden oder auch verändern. Was genau der Vorteil ist, ist schwer allgemein zu sagen. Immer geht es um irgendein „Mehr", einen Zuwachs. Benedikt sagt, wir sollen dieses „Mehr" für den anderen suchen.

Wenn wir suchen, daß die Gemeinschaft so wird, daß die anderen Raum zum Wachsen haben, wie sie es brauchen, wird genug Raum sein, daß wir – ohne Angst darum zu haben – auch selbst nicht verkümmern.

358

Sie sollen einander selbstlos die brüderliche Liebe erweisen. (72, 8)

Ich habe noch Wortfetzen eines alten Liedes im Ohr: „He ain't heavy, he's my brother." Das ließe sich besser singen als sagen.

Wenn man mit Abstand über die Selbstlosigkeit reflektiert, wird alles leicht künstlich. Wie soll man das richtig fragen: Wann und warum haben Sie sich das letzte Mal vergessen, ohne sich zu verlieren? Jeder, der davon etwas in der allerbesten Alltäglichkeit kennt, wird bei einer solchen Frage lachen müssen. Das wäre wunderbar, wenn viele jetzt lachen würden! Ich würde nicht weiterfragen!

359

Gott sollen sie in Liebe fürchten. (72, 9)

Welche Arten von Furcht kenne ich denn? Es gibt so viele verschiedene Arten, in denen Menschen sich fürchten. Manche sind ein Segen, manche sind ein Fluch.

Ich nehme alle Arten, die ich kenne, und schaue sie mir an wie vielleicht hin und wieder all das verschiedene Garn in einem unaufgeräumten Nähkasten ... und rolle Fäden auf, sortiere neu und sortiere aus. Die guten Weisen der Furcht will ich bewahren, pflegen, nicht vergessen – so wie ich Gottes völliges Anderssein über seiner ganzen geduldigen Zuwendung zu mir nie vergessen will.

360

Ihrem Abt seien sie in aufrichtiger und demütiger Liebe zugetan. (72, 10)

Autorität ist heute kein leichtes Thema. Ein wichtiges Thema ist sie zweifellos. Wenn ich mir dann die vielen Sprachebenen vorstelle, auf denen heute darüber geredet wird, die Wörter „Liebe", „zugetan" und „demütig" kämen sicher auf keiner vor. „Aufrichtigkeit" gäbe es wohl im Blick auf die Autorität und den Abt und auch darüber hinaus.

Vielleicht würden wir etwas dazugewinnen können, wenn wir uns von Benedikt, so wie er ist, diesen Satz zusprechen ließen. Und wenn wir aufrichtigerweise nicht den direkten Zugang zu dem Gut finden, das er meint, finden wir vielleicht immerhin die Tür, durch die wir erspähen können, woran es uns mangelt.

361

Nichts sollen sie höher stellen als Christus, der uns alle zum ewigen Leben führen möge. (72, 11 + 12)

Wir leben im Vorhof einer Ewigkeit. Das „Haus unserer Pilgerschaft" (Ps 119), das Kloster (wie jedes andere Haus) ist Vorhof zur Ewigkeit. Er gehört ihr schon an, aber wir müssen noch weiter. Er ist schon eine verläßliche Größe und ist doch auch eine vergängliche Größe, wie die Schwächen, der Vorteil, die Geduld und der Abt alle von vergänglicher Größe sind.

Wer bleibt und uns gemeinsam auf seine Weise ins Bleibende, ins ewige Leben immer tiefer hineinführt, ist Christus. Er ist der Meister, der von Anfang an durch die Seiten der Regel ruft (Prolog 1, 3, 14, 21, 50 ...), der uns durch alles hindurchführt.

Ihn mehr als alle anderen und alles sonst im Blick zu halten und in allem auf nichts und niemanden wie auf ihn bezogen zu bleiben, das ist – nach Benedikts Weisung – wichtiger als alles übrige Wichtige.

Diese Regel haben wir geschrieben, damit wir durch ihre Beobachtung ... einen Anfang im klösterlichen Leben machen. (73, 1)

Das rührt mich an: Benedikt hatte seine Gegenwart und seine Gemeinschaft im Blick, als er die Regel verfaßte, und dachte nicht an Jahrhunderte und Kontinente. Aber in all den verschiedenen Jahrhunderten und in den unterschiedlichen Kulturen auf allen Kontinenten heute schöpften und schöpfen Männer und Frauen aus der Beobachtung dieser Regel Benedikts Weisung und Ermutigung, im immer neuen Heute einen Anfang im monastischen Leben zu wagen. Diese alte Regel, dieses Handbuch eines alltäglichen, gemeinsamen geistlichen Lebens taugt zu immer neuen Anfängen. Wann fing ich eigentlich zum letzten Mal bewußt irgend etwas Wichtiges an ... oder wieder an?

*Wer aber im klösterlichen Leben rasch zur Vollkom-
menheit gelangen will, den verweisen wir auf die
Lehren der heiligen Väter. (73, 2)*

Benedikt verweist im letzten Kapitel seiner
Regel auf die Lehren der heiligen Väter. Er
meint nicht, er hätte alles gesagt, was auf dem
Weg zu Gott, auf dem Weg mit Christus zu
sagen wäre. Er weist über sich selbst hinaus.
Dabei geht es ihm nicht darum, uns zu raten,
eine Menge geistlicher Schriften zu lesen, um
sie mit einer gewissen Distanz kennenzuler-
nen, sondern sich so intensiv auf die Lehren
der Väter und Mütter einzulassen, daß sie in
uns eindringen und uns verändern können.
Der Schatz spiritueller Erfahrung und Weisung ist groß, das einzige Gefäß, mit dem ich
daraus schöpfen kann, ist ein existentielles
und wirkliches Verlangen und Fragen.

364

Ist denn nicht jede Seite und jedes von Gott beglaubig-
te Wort des Alten und Neuen Testaments eine gerade
Richtschnur für das menschliche Leben? (73, 3)

Am Ende verweist Benedikt auf die Bibel.
Wir sahen, wie sehr sein Leben und Lehren, sein Gottsuchen und sein Wegsuchen
von der Vertrautheit mit der Bibel gezeichnet
ist. Was ist die Bibel für mein Sein und Sagen,
mein Gottsuchen und Wegsuchen? Wenn ich
wage, das, was ich jetzt von ihr verstehe,
wirklich als Richtschnur zu nehmen für den
Tag, den ich heute zu leben habe ...

365

*Darum sage ich zu jedem, der rasch zum himmlischen
Vaterland gelangen will: Befolge mit der Hilfe Christi
zunächst diese bescheidene Regel, die wir für Anfänger
geschrieben haben. (73, 8)*

Manchmal hört man über einen Menschen, er oder sie sei jung geblieben.
Das klingt dann wie ein Lob. Ich finde, es ist
nicht unbedingt ein Lob. Denn es ist doch
weitgehend richtig und wichtig, daß ich nicht
immer jung bleibe, sondern älter, erfahrener
und reifer werde und mehr als die schöne Jugend ins Leben einbringe.

Aber das will ich mir wünschen und allen, die
jetzt hier lesen, daß wir – egal in welchem
Alter – nie aufhören, Anfänger zu bleiben.
Immer wieder können wir anfangen, nicht
am Nullpunkt, nicht wie am ersten Tag, aber
heute wie noch nie.

Am Ende dieser Seiten könnten wir diese Figur meditieren: den Anfänger – den Anfänger
mit der Hilfe Christi.

Nachwort: Die Benediktsregel für Menschen unserer Zeit

Die Benediktsregel ist das Werk des Abtes Benedikt von Nursia, der zirka 480 bis 550 lebte und der das heute noch bestehende Erzkloster Montecassino gründete. Der heilige Benedikt schrieb für Mönche, wie er selbst im letzten Kapitel seiner Regel bezeugt: *Diese Regel haben wir geschrieben, damit wir durch ihre Beobachtung in unseren Klöstern eine dem Mönchtum einigermaßen entsprechende Lebensweise oder doch einen Anfang im klösterlichen Leben bekunden.* (RB 73,1) Lange Zeit war die im sechsten Jahrhundert verfaßte Regula Benedicti eine Klosterregel unter vielen anderen im Abendland (Mischregelzeit). Erst Ende des siebten Jahrhunderts ist ihre allmähliche Durchsetzung als alleingültige Klosterregel des abendländischen Mönchtums festzustellen – bemerkenswerterweise über England, wohin sie über Gallien gelangt war und woher sie englische Missionare, Willibrord und Bonifatius, zu uns nach Deutschland mitbrachten und ihr hier in den von ihnen gegründeten Klöstern Geltung verschafften. Unter Karl dem Großen kam es dann im Abendland zu einer einheitlichen monastischen Lebensweise eben unter der Regula Benedicti. Es war die Gunst der Stunde und nicht zuletzt ihre Bezeichnung als „römische Regel" – Benedikt, der Abt des Klosters Montecassino, 140 Kilometer südlich von Rom, war zum „römischen Abt" avanciert, und maßgebliche fränkische Kreise wollten nichts lieber, als „römisch" sein –, die die alleinige Verbindlichkeit der Benediktsregel begründeten. Hinzu kam aber ihre Qualität selbst. Erstens nämlich ist die Benediktsregel im besten Sinne einfach und praktisch. Zweitens ist sie, obwohl von ihrer spirituellen Zielsetzung her ohne Kompromisse, doch in der konkreten Lebensgestaltung maßvoll und anpassungsfähig – „discretio" ist hier das Stichwort. Und drittens hat sie unter anderen zeitgenössischen Mönchsregeln eine besondere Position aufgrund der umfassenden Lebensweisheit, die sich in ihr findet.

Benedikt selbst, der Urheber dieser Klosterregel, tritt ganz hinter seinem Werk zurück. Dies aber mit seiner Wirkungsgeschichte bis heute weist ihn als außergewöhnliche Persönlichkeit aus, und so heißt er „Vater des abendländischen Mönchtums". Pius XII. erklärte ihn zum „Vater Europas" und Paul VI. zum „Schutzpatron Europas".

Inwiefern kann nun diese Klosterregel für Menschen unserer Zeit hilfreich sein? Bei dieser Fragestellung geht es um Menschen, die nicht in den Benediktinerklöstern direkt nach der Benediktsregel leben. Gemeint sind Zeitgenossen, die im normalen Leben stehen, „in der Welt", wie man sich in unseren Kreisen gerne ausdrückt, in Beruf, Familie und dem ganzen dazugehörigen sozialen, politischen und auch kirchlichen Umfeld. Um es gleich vorwegzusagen: Sollte jemand auf den

Gedanken kommen, sich mit der Benediktsregel beschäftigen zu wollen, dann läßt er sich auf etwas nicht ganz Leichtes ein. Die Regel wirkt nämlich im ersten Angehen eher spröde und erschließt sich nicht ohne weiteres. Ihren Wert gibt sie erst allmählich zu erkennen; nicht von ungefähr verlangt Benedikt, daß den Bewerbern des Klosterlebens während ihrer Prüfungszeit, dem Noviziat, die Regel dreimal vorzulesen sei. Man muß sich also einlesen, mit sehr viel Geduld; man muß einiges Ärgerliche und sehr Zeitgebundene übersehen können, dann gewinnt man die Regel lieb und möchte sie nicht mehr missen. Sie wird – so eine Bedeutungsvariante von „regula" – zur Lebensweisung, zur hilfreichen Anleitung für christliches Leben.

Die Benediktsregel für Menschen unserer Zeit: Hier kann es nicht um eine umfassende Einführung in den Bedeutungsgehalt der Regel gehen. Man müßte schon ein entsprechendes Seminar veranstalten, nicht zuletzt mit praktischen Übungen. Es wäre möglich, einige Schwerpunkte benediktinischer Geistigkeit zu benennen und diese kurz zu entfalten. Aber ich möchte es anders versuchen und von einem Bild ausgehen, das am Regelbeginn kurz skizziert wird, aber dann im Verlauf des gesamten Regeltextes immer wieder auftaucht und Wesentliches über christliches Leben unter benediktinischem Vorzeichen aussagt. Ich meine das Bild vom Weg.

Es gibt ein berühmtes Novalis-Wort: „Wo gehen wir hin? – Immer nach Hause." Der Lebensweg des Menschen ist Heimkehr. Einer meiner verstorbenen Mitbrüder, P. Raphael Hombach, verfaßte Aphorismen („Mönchsworte"). Einer lautet: „Du kommst von Gott. Du gehst zu Gott. Du bist nirgends daheim als nur in Gott." Das ist ganz im Geiste Benedikts gesprochen. Am Beginn seiner Regel stellt er eine Art Programm auf, eben mit dem Bild des Weges, und sagt, daß man *durch die Mühe des Gehorsams zu dem zurückkehrt, den man durch die Trägheit des Ungehorsams verlassen hat.* (RBProl 2) Gemeint ist Rückkehr zu Gott. Der Gedankengang ist gut biblisch. Unschwer erkennt man darin das Grundthema Jesu am Beginn seiner Predigt: „Kehrt um und glaubt an das Evangelium!" (Mk 1, 15). Aber es sind vor allem drei Bibelstellen, die hier assoziiert werden: Der Sündenfall des ersten Menschenpaares im Buch Genesis, das infolge seines Ungehorsams den Garten des Paradieses verlassen mußte; die Adam-Christus-Parallele im fünften Kapitel des Römerbrief, wo Christus als der neue Adam gesehen wird, der uns durch seinen Gehorsam den Weg zum Vater wieder erschlossen hat; und schließlich das Gleichnis vom verlorenen Sohn, der seinen Vater verläßt und dann wieder heimkehrt.

All das steht vor Benedikts geistigem Auge, wenn er einen solchen Satz formuliert. Er sieht den Menschen fern von Gott, und deshalb, so sagt er, geht es ihm schlecht; ihm selbst ganz persönlich, aber auch in seinem Zusammenleben mit den

Mitmenschen. Erinnern wir uns, wie im Buch Genesis nach dem Sündenfall Adam und Eva sich gegenseitig die Schuld geben und gleichzeitig auch Gott noch anklagen: „Die Frau, die Du mir beigesellt hast, sie hat mir von dem Baum gegeben, und so habe ich gegessen." (Gen 3, 12) Das Elend des Menschen ist sein Fernsein von Gott, damit hängt alles zusammen; deshalb entfernen sich die Menschen auch voneinander, stehen gegeneinander. Und sie finden nur zusammen, wenn sie wieder zu Gott finden, wenn sie sich – im Bild der Regel gesprochen – auf den Rückweg machen.

Aber schauen wir doch noch genauer hin. Was ist gemeint, wenn es heißt, daß der Mensch Gott verlassen hat. Die Bibel sagt, daß dies im Ungehorsam gegen Gottes Gebot geschah: „Von allen Bäumen des Gartens darfst Du essen, doch vom Baum der Erkenntnis von Gut und Böse darfst du nicht essen!" (Gen 2, 16f.) In diesen Ungehorsam hat der Mensch sich hineinziehen lassen, er hat sich verführen lassen. In der Bibel geschieht das durch die Schlange. Man beachte: Ungehorsam wäre dann nicht so sehr ein klares Nein gegen Gott – das gibt es natürlich auch! –, Ungehorsam wäre ein Sich-verführen-Lassen, ein Nachgeben, ein Sich-Verlocken-Lassen: „Da sah die Frau, daß es köstlich wäre, von dem Baum zu essen, daß der Baum eine Augenweide war und dazu verlockte, klug zu werden. Sie nahm von seinen Früchten und aß; sie gab auch ihrem Mann, der bei ihr war, und auch er aß." (Gen 3, 6)

Bedenken wir nun, daß der heilige Benedikt von der Trägheit des Ungehorsams spricht, durch die der Mensch Gott verläßt. Ungehorsam bezeichnet den Gegensatz zu Gott, in den man hineingerät; Trägheit meint Lustlosigkeit, Gleichgültigkeit, Desinteresse. Beides zusammen wäre eine Haltung, die Gott keine Chance mehr gibt und ihn außen vor läßt. Mehr und mehr gestaltet sich das Leben ohne Gott, er ist einfach aus dem Blickfeld geraten.

Trägheit deutet an, daß Gott im Wert gesunken ist; er bedeutet nicht einmal mehr so viel, daß man sich zu einer Entscheidung aufrafft, zu einem klaren Ja oder Nein. Man läßt sich ziehen. Trägheit heißt hier, daß man sich treiben läßt, die Dinge nimmt, wie sie kommen, auch daß man dem Unbequemen ausweicht und nur das sucht, was vordergründig Lust und Befriedigung verschafft. Trägheit ist ein unmerkliches Abgleiten, anders als ein Abfallen infolge eines schweren Fehlverhaltens oder einer klaren Gegenentscheidung. Die Trägheit bewirkt, daß man sich unversehens von Gott entfernt, etwa indem man falsche Prioritäten setzt, die sich dann auf die gesamte Lebenseinstellung und Lebensführung auswirken. Wenn Jesus in der Bergpredigt sagt: „Ihr könnt nicht Gott dienen und dem Mammon" (Mt 6, 24), dann hat er eine solche verkehrte Einstellung im Blick, die bewirkt, daß das ganze Leben in ein entprechendes Fahrwasser gerät und Gott mehr und mehr ins Abseits. Woran liegt das? Fast könnte man sagen, es kommt von selbst so, weil man nicht achtgibt und nicht bewußt lebt, weil man – denken wir wieder an die Genesis – sich nicht die Ohren vor den Einflüsterungen der Schlange verstopft. Irgendwann sind einem dann gewisse Dinge, Vorlieben, Annehmlichkeiten, Bedürfnisse wichtiger als Gott. Oder man stellt ganz einfach fest, daß sich ohne Gott ganz gut leben läßt, leichter sogar. Denn er kann ja ganz schön unbequem sein, uns in die Quere kommen und einen nicht in Ruhe lassen. Mit ihm müßte so einiges anders werden und dürfte dies und das gar nicht sein. Schließlich stellt man fest – oder vielleicht merkt man es auch gar nicht mehr, weil man sich nicht Rechenschaft gibt –, daß man, wie die Apokalypse sagt, seine erste Liebe verlassen hat (vgl. Apk 2, 4).

Ich bin nicht sicher, ob ich übertreibe, wenn ich meine, daß dies ein Vorgang ist, der sich heute vielfach abspielt. Was unser Zeitgefühl kennzeichnet, ist doch weniger das ausdrückliche Nein zu Gott als vielmehr diese unreflektiert praktizierte „Gott-losigkeit". Sie kann verschiedene Formen annehmen, etwa wie Paulus es im Philipperbrief drastisch charakterisiert: „Ihr Gott ist der Bauch ... Irdisches haben sie im Sinn." (Phil 3, 19) Sie kann aber auch als Frömmigkeit getarnt daherkommen und unentwegt Gott im Munde führen: „Was sagt Ihr zu mir ‚Herr! Herr!' und tut nicht, was ich sage?" (Lk 6, 46) Sie findet sich in allen kirchlichen Schichten, auch bei solchen, die sich der Sache Gottes professionell angenommen haben. Sie ist, so kann man sagen, überall da gegenwärtig, wo Gott nicht in Wahrheit die Mitte ist und wo Entscheidungen getroffen werden und gehandelt wird ohne ihn, und sollte auch alles formell unter seinem Namen geschehen.

Was haben wir uns nun vorzustellen unter der Mühe des Gehorsams, durch die wir, so Benedikt, zu Gott zurückkehren? Ich würde sagen, Gehorsam kennzeichnet die Gottesbeziehung. Wieder muß man sich vergegenwärtigen, daß Benedikt die Bibel, den Römerbrief vor Augen hat, Christus, das Gegenbild Adams, der uns durch seinen Gehorsam Gerechtsprechung erwirkt. Diesem Christus, dessen Leben ganz und gar Gehorsam war – „Meine Speise ist es, den Willen dessen zu tun, der mich gesandt hat." (Joh 4, 34) –, gilt es nachzufolgen. Das ist Benedikts Maxime, das ist letztlich mit dem *ducatus evangelii* (RBProl 21) gemeint: Christus, dem *überhaupt nichts vorzuziehen ist, führt uns zum ewigen Leben* (RB 72, 11f.). Dieser Gehorsam bedeutet Mühe, weil es gar nicht so leicht ist, festgefahrene Wege zu verlassen und sich wieder neu zu orientieren. Er ist mühsam, weil er das nicht immer leichte Leben unter dem Anspruch Gottes meint. „Heute, wenn Ihr Seine Stimme hört, verhärtet eure Herzen nicht", zitiert Benedikt im Regelprolog den 95. Psalm (RBProl 10; Ps 95, 8). Aber die Mühe lohnt. *Wer im klösterlichen Leben und im Glauben fortschreitet, dem wird das Herz weit, und er läuft in unsagbarem Glück der Liebe den Weg der Gebote Gottes* (RBProl 49).

Versuchen wir aber, den Weg der Rückkehr zu Gott noch etwas zu konkretisieren. Dem Ausdruck „zu Gott zurückkehren" korrespondiert der für die Regel zentrale Begriff der Gottsuche (deum quaerere), das Kriterium bei der Aufnahme eines Novizen. Auch hier klingt wieder die Bibel durch. Greifen wir aus der Fülle von Stellen eine besonders ausdrucksstarke heraus, Dtn 4, 29: „Dort werdet Ihr den Herrn, Deinen Gott, wieder suchen. Du wirst ihn auch finden, wenn Du Dich mit ganzem Herzen und mit ganzer Seele um ihn bemühst." Gott suchen und nach ihm fragen ist gekennzeichnet durch Ausschließlichkeit. Es beansprucht den Menschen ganz und duldet kein Taktieren und Ausweichen. Es ist auch radikal, weil es Gott über alles stellt. Erinnern wir uns an das schwer zu verkraftende Wort Jesu: „Wer Vater oder Mutter mehr liebt als mich, ist meiner nicht würdig, und wer Sohn oder Tochter mehr liebt als mich, ist meiner nicht würdig." (Mt 10, 37) Nach Gott fragen heißt, ihn wirklich maßgebend sein lassen für mein ganzes Leben, ohne Ausnahme, in jeder Beziehung. Das schönste Beispiel dafür findet sich für mich in Apg 22, 10, wo Paulus bei seiner Bekehrung fragt: „Herr, was soll ich tun?" Man müßte einmal überlegen, wie in unseren kirchlichen Kreisen wichtige Entscheidungen zustande kommen. Ist es so, daß man eine bestimmte Idee hat und an eine Aktion denkt und dies dann mit Gott in Verbindung bringt, es sich sozusagen von ihm bestätigen läßt? Oder ist es so, daß wir zuerst fragen, was Gott will, das wir tun sollen, und daß unsere Ideen und Aktionen darauf beruhen? Das ist ein wesentlicher Unterschied.

Es versteht sich dann von selbst, daß die Rückkehr zu Gott einen veränderten, ja einen ganz neuen Lebensstil verlangt, eine ganz andere Art, zu leben. „Conversatio", Wandel, ist in der Benediktsregel der Ausdruck dafür (RBProl 49 u. ö.). Dem Begriff könnte letztlich Phil 3, 20 zugrunde liegen, in der lateinischen Version: „Nostra autem conversatio in caelis est. – Unser(e) Wandel/Aufenthalt/Heimat ist im Himmel." Gemeint ist eine Lebensweise, die sich ihre Kriterien von „oben" geben läßt.

Diese Rückkehr zu Gott verläuft nun nicht auf einem Privatweg, und man geht dort nicht allein. Als Christen ist uns bewußt, daß wir zu Gott nur gemeinsam gehen können. Zwei Stellen der Benediktsregel mögen diesen Gemeinschaftsgedanken verdeutlichen. Die erste findet sich im Kapitel „Von den Werkzeugen der geistlichen Kunst" und lautet: *Nach einem Streit noch vor Sonnenuntergang zum Frieden zurückkehren* (RB 4, 73). Das ist dasselbe Wort – „redire: zurückkehren": zu Gott zurückkehren, zum Frieden zurückkehren. Vielleicht kann man sagen: Der Mitmensch ist der Weg, auf dem wir zu Gott zurückfinden?

Die andere Stelle steht im 71. Regelkapitel. Da ist die Rede davon, daß man nicht nur dem Abt gehorchen soll, sondern auch einander; gemeint ist die Bereitwilligkeit, aufeinander einzugehen, im besten Sinne des Wortes zu kooperieren. Dann heißt es: Die Brüder *wissen doch, daß sie auf diesem Weg des Gehorsams zu Gott gehen – se ituros ad deum* (RB 71, 1f.). Der Gedanke ist ganz schlicht und gerade darin so großartig. Einer ist auf den anderen auch im Glaubensleben notwendig angewiesen; einander sollen wir uns den Weg weisen, uns gegenseitig helfen, zu Gott zu gelangen.

Benedikt ist der Ansicht, daß sich daraus eine ganz neue Lebensqualität ergibt, für den einzelnen wie für die Gemeinschaft. Er gebraucht dafür wieder Bilder, er spricht vom *Wohnen in Gottes Reich und in seinem Zelt* (RBProl 22f. + 39) und nennt das Kloster Haus Gottes (RB 31, 19; 53, 22). Als Bedingungen des Wohnens bei Gott (habitandi praeceptum, RBProl 39) nennt er mit Ps 15 bestimmte Verhaltensweisen Gott und dem Mitmenschen gegenüber: *Herr, wer darf wohnen in deinem Zelt, wer darf weilen auf deinem heiligen Berg? Hören wir, Brüder, was der Herr auf diese Frage antwortet und wie er uns den Weg zu seinem Zelt weist: Der makellos lebt und das Rechte tut; der von Herzen die Wahrheit sagt und mit seiner Zunge nicht verleumdet; der seinem Freund nichts Böses antut und seinen Nächsten nicht schmäht; der den arglistigen Teufel, der ihm etwas einflüstert, samt seiner Einflüsterung vom Auge seines Herzens wegstößt, ihn zunichte macht, seine Gedankenbrut packt und sie an Christus zerschmettert. (RBProl 23-28)* Am Ende der Regel aber gibt Benedikt eine Vision. Er stellt uns vor Augen, wie Zusammenleben aussehen kann, wenn Menschen sich miteinander auf den Heimweg zu Gott machen: *Sie sollen einander in gegenseitiger Achtung zuvorkommen; ihre körperlichen und charakterlichen Schwächen sollen sie mit unerschöpflicher Geduld ertragen; im gegenseitigen Gehorsam sollen sie miteinander wetteifern; keiner achte auf das eigene Wohl, sondern mehr auf das des anderen; die Bruderliebe sollen sie einander selbstlos erweisen; in Liebe sollen sie Gott fürchten; ... Christus sollen sie überhaupt nichts vorziehen. Er führe uns gemeinsam zum ewigen Leben.* (RB 72, 4-9, 11-12)

Die Benediktsregel für Menschen unserer Zeit. Ich habe versucht, einen kleinen Einblick zu geben in den Geist der Klosterregel des heiligen Benedikt, die im Grunde nichts anderes sein will als eine Anleitung, miteinander christlich zu leben. Man merkt, daß immer wieder die Bibel durchscheint, auf Schritt und Tritt. Darin beruht wohl auch zuletzt die Kraft dieses kleinen Büchleins, das mittlerweile fast anderthalb Jahrtausende alt ist und nichts von seiner Anziehungskraft eingebüßt hat. Benedikt kann ganz schön fordernd sein, bei allem Verständnis für menschliche Schwäche: *Stehen wir endlich einmal auf! Die Schrift rüttelt uns wach und ruft: Die Stunde ist da, vom Schlafe aufzustehen ... Lauft, solange ihr das Licht des Lebens habt, da-*

mit die Schatten des Todes Euch nicht überwältigen ...
Wollen wir in seinem Reich und in seinem Zelt wohnen,
dann müssen wir durch gute Taten dorthin eilen; anders
kommen wir nicht ans Ziel ... Noch ist Zeit, noch sind
wir in diesem Leib, noch läßt das Licht des Lebens uns
Zeit, all das zu erfüllen. Jetzt müssen wir laufen und
tun, was uns für die Ewigkeit nützt. (RBProl 8, 13,
22, 43-44)

Aber beinhaltet das Wegmotiv, das wir betrachtet
haben und das dem menschlichen Leben entnom-
men ist, nicht auch, daß die Wege der Menschen
normalerweise nicht schnurgerade sind? Es gibt
falsche Wege, Umwege, Durststrecken, glatte
Straßen, holprige Feldwege und so weiter. Was
ich sagen will, ist dies: Das Wegmotiv läßt uns
auch die unendliche Geduld unseres gütigen Gottes erahnen, der sein Volk Israel 40 Jahre durch
die Wüste ins gelobte Land führte. Dieser göttliche Langmut und diese göttliche Liebe deutet
Benedikt an, wenn er sagt: *Magis ac magis in deum.*
Mehr und mehr zu Gott voranschreiten. (RB 62, 4)
Und anders, für mich einer der schönsten Sätze
der Benediktsregel: *Wer im klösterlichen Leben und*
im Glauben voranschreitet (processu vero conversationis
et fidei), dem wird das Herz weit, und er läuft in un-
sagbarem Glück der Liebe den Weg der Gebote Gottes.
(RBProl 49)

Benedikt Müntnich OSB, Maria Laach

Verzeichnis der Regelkapitel und Nummern

Zur Organisation des Klosters

Verfehlungen und Strafen

Die tägliche Versorgung

Literatur

Quellen:

Die Benediktusregel. Lateinisch/deutsch. Herausgegeben in Auftrag der Salzburger Äbtekonferenz. Beuron 1992.

Die Benediktsregel. Eine Anleitung zu christlichem Leben. Der vollständige Text der Regel übersetzt und erklärt von Georg Holzherr, Abt von Einsiedeln. Benzinger Verlag, 4. Auflage, Zürich/Einsiedeln/Köln 1993.

Weiterführende Literatur:

Joan D. Chittister OSB, *The Rule of Benedict – Insights for the Ages.* The Crossroad Publishing Company, New York/USA 1992.

Dennis Huerre OSB, *Von Tag zu Tag. Kapitelansprachen über die Benediktusregel.* Übersetzt von Mathilde Wiemann OSB. Als Manuskript gedruckt. Kellenried 1983.

Benedikt Müntnich OSB, *Ein weites Herz gewinnen. Geistlich leben nach der Regel des hl. Benedikt.* Mainz 2004.

Michaela Puzicha OSB, *Kommentar zur Benediktusregel.* Mit einer Einführung von Christian Schütz.

Im Auftrag der Salzburger Äbtekonferenz. 669 S., EOS Verlag, St. Ottilien 2002.

Christian Schütz OSB, *Gesegneter Alltag. Lebensweisheit aus der Regel Benedikts.* 388 S., EOS Verlag, St. Ottilien 2003.